한 쇼
2010

HShow 2010

 # 렉스미디어 자료 다운로드 방법

1 렉스미디어 홈페이지(http://www.rexmedia.net)에서 **[자료실]–[대용량 자료실]**을 클릭한 후 **[방과후컴퓨터교실]**을 클릭한 다음 **[한쇼 2010.exe]**를 클릭합니다.

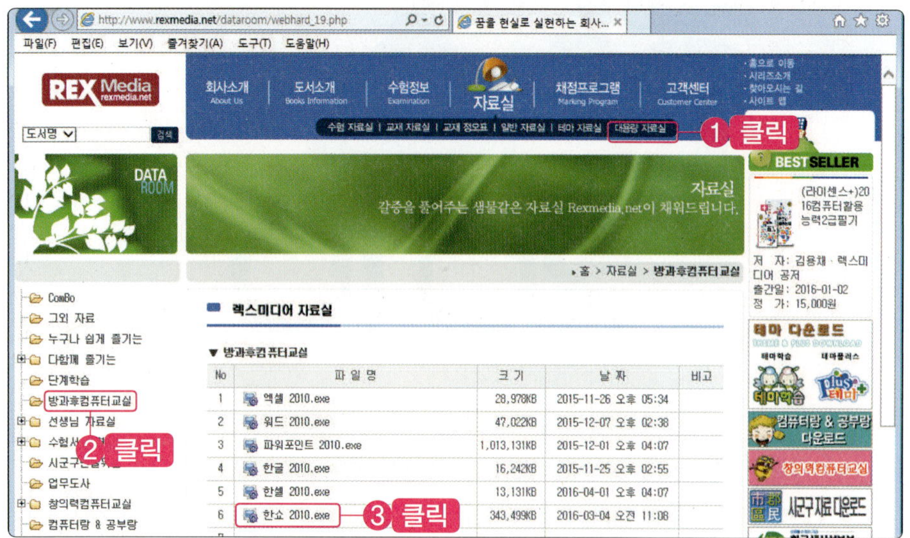

2 한쇼 2010.exe를 실행하거나 저장할 것인지 묻는 대화상자가 나타나면 **[실행]** 단추를 클릭합니다.

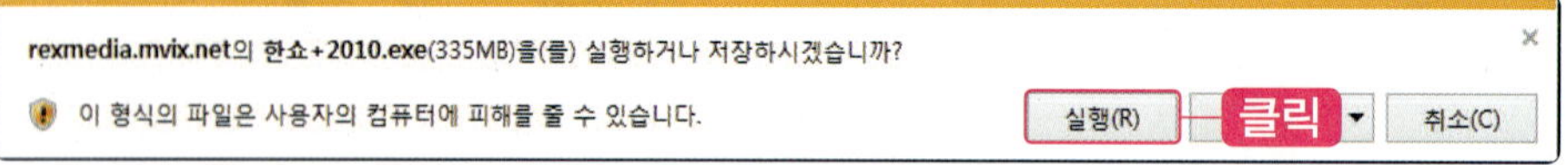

3 한쇼 2010.exe의 게시자를 확인할 수 없다는 메시지와 함께 프로그램을 실행할 것인지 묻는 대화상자가 나타나면 **[실행]** 단추를 클릭하여 한쇼 2010 자료를 다운로드합니다.

tip

• 한쇼 2010 자료는 **[C:\방과후컴퓨터교실\한쇼 2010]** 폴더에 다운로드됩니다.

• 다음과 같이 한쇼 2010.exe는 일반적으로 다운로드되는 파일이 아니며 컴퓨터를 손상시킬 수 있다는 대화상자가 나타난 경우에는 **[작업]** 단추를 클릭한 다음 **[SmartScreen 필터 – Windows Internet Explorer]** 대화상자에서 **[기타 옵션]**을 클릭하고 **[실행]** 단추를 클릭합니다.

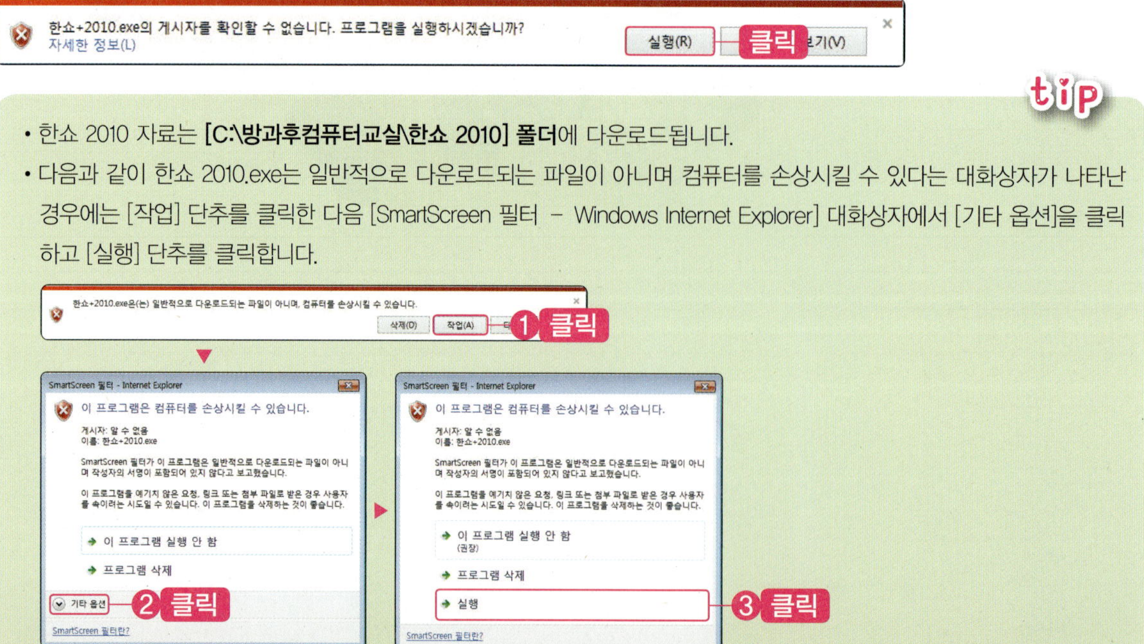

한쇼 2010 자료는 다음과 같이 구성되어 있습니다.

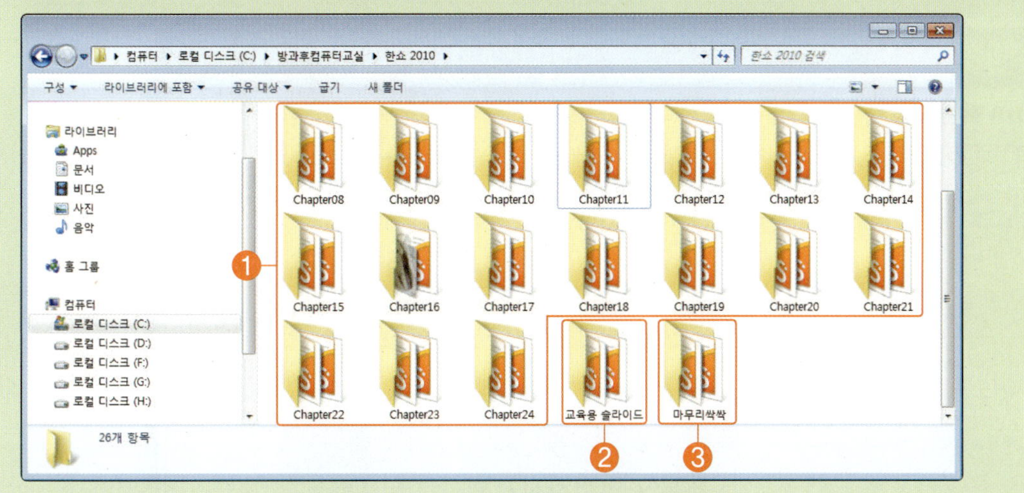

❶ **[Chapter01] 폴더 ~ [Chapter24] 폴더** : Chapter별로 단계별 따라하기와 미션(Mission) 확인 문제
에서 사용할 연습파일과 완성파일이 담겨져 있습니다.

❷ **[교육용슬라이드] 폴더** : 한쇼 2010의 기본 기능을 학습할 수 있는 교육용 슬라이드가 담겨져 있습
니다.

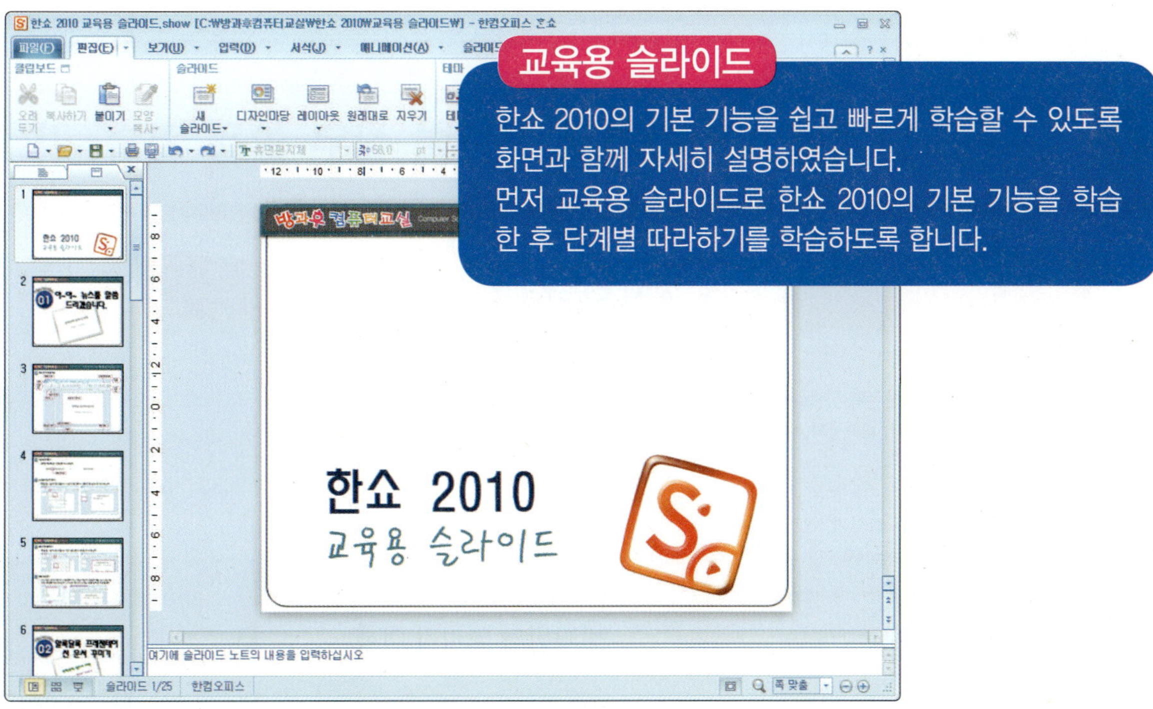

❸ **[마무리싹싹] 폴더** : 마무리 싹싹에서 사용할 연습파일과 완성파일이 담겨져 있습니다.

1 단계 교육용 슬라이드를 이용한 기본 기능 학습~!!

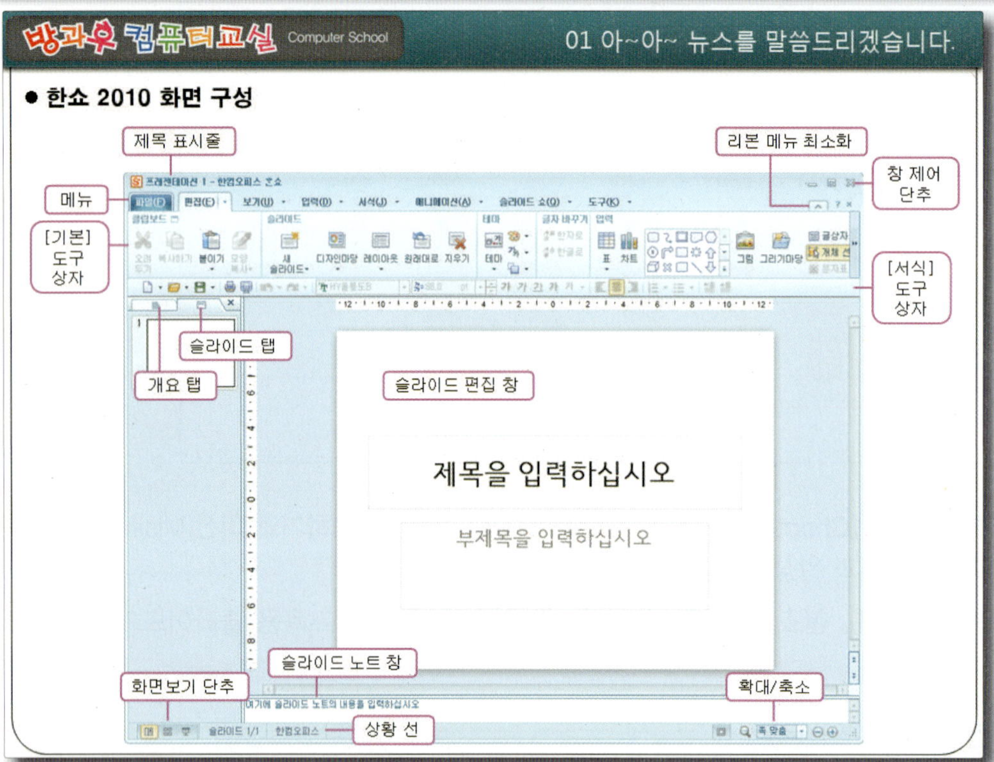

2 단계 단계별 따라하기로 기능별 실무 활용 연습~!!

한쇼 실행

1. [시작]-[모든 프로그램]-[한글과컴퓨터]-[한컴오피스 2010]-[한컴오피스 한쇼 2010]을 클릭

2. [새 프레젠테이션] 대화상자에서 [확인]을 클릭

텍스트 입력하기

3. 제목 개체틀 안을 클릭 후 내용을 입력
   (반짝반짝 별자리 여행)

4. 내용 개체틀 안을 클릭 후 내용을 입력
   (발표자 : 디지토리)

반짝반짝 별자리 여행

발표자 : 디지토리

③ 단계 미션(Mission) 확인 문제로 학습 내용 점검~!!

① '문제01' 파일을 열고 다음과 같이 슬라이드를 수정해 보세요.

- 테마(봄) 및 한자 변환하기

④ 단계 단원 종합 평가 문제로 학습 마무리 점검~!!

01 다음 중 한쇼 2010에서 저장한 문서의 파일 형식으로 옳은 것은?

① *.PPTX   ② *.DOCX
③ *.SHOW   ④ *.XLSX

02 한쇼에서 한 페이지 단위를 나타내는 용어로 옳은 것은?

① 그라데이션   ② 슬라이드
③ 프레젠테이션   ④ 애니메이션

03 보기의 그림과 같이 슬라이드를 작성할 때 설정해야 하는 레이아웃으로 옳은 것은?

지구의 모습

①우주에서 바라본 지구의 모습은 지구본과 비슷합니다.

05 슬라이드에 클립아트를 삽입 후 클립아트를 편집할 때에 [그림] 정황 탭-[효과] 그룹에서 설정할 수 있는 기능으로 옳지 않은 것은?

① 그림   ② 그림자
③ 반사   ④ 옅은 테두리

06 다음 중 슬라이드의 배경으로 사용할 수 없는 것은?

① 그러데이션   ② 무늬
③ 질감/그림   ④ 비디오

07 다음 중 클립아트 작성 시 사용되는 조합키에 대한 설명으로 옳지 않은 것은?

① **Alt** : 수직/수평으로 개체 복사
② **Shift** : 가로/세로 비율 유지하며 크기 조절,

이 책의 차례

한쇼 2010 아나운서되기 목차

이 책의 차례

Chapter 01
아~아~ 뉴스를 말씀드리겠습니다.

- 한쇼를 둘러보고 슬라이드를 작성하는 방법에 대해 알아보겠습니다.
- 파일을 저장하고 종료하는 방법에 대해 알아보겠습니다.

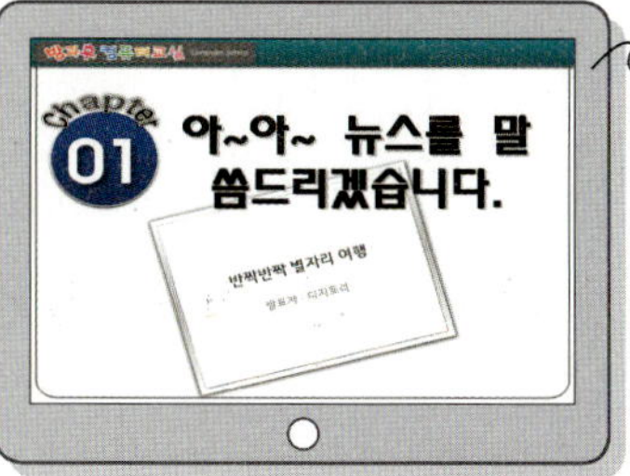

먼저 공부 할 내용
한쇼2010.show(Chapter01)

완성작품 미리보기

반짝반짝 별자리 여행

발표자 : 디지토리

아나운서가 되기 위해서는 다양한 지식들을 많이 알고 있어야 하기 때문에 공부를 많이 해야 합니다. 특히 아나운서들은 어렸을 때부터 발표를 참 잘하는 어린이였다고 하는데요. 이번 시간에는 멋지게 별자리를 소개하면서 아나운서가 되는 연습을 해볼까요?

한쇼 실행하기

1. [시작]-[모든 프로그램]-[한글과컴퓨터]-[한컴오피스 2010]-[한컴오피스 한쇼 2010]을 클릭

2. [새 프레젠테이션] 대화상자에서 [확인]을 클릭

텍스트 입력하기

3. 제목 텍스트 상자 안을 클릭 후 내용을 입력(반짝반짝 별자리 여행)

4. 부제목 텍스트 상자 안을 클릭 후 내용을 입력(발표자 : 디지토리)

슬라이드 추가하기

5. [입력] 탭-[슬라이드] 그룹의 [새 슬라이드]-[제목 및 내용]을 선택

6. 슬라이드가 삽입되면 제목 및 내용을 입력

파일 저장하기

7. [파일]–[저장하기]를 클릭하거나 [서식] 도구 모음의 저장하기(💾)를 클릭

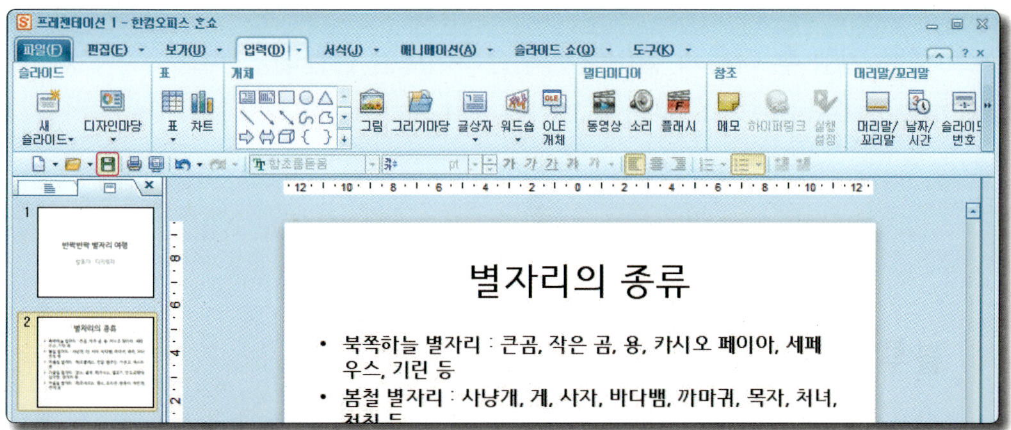

8. [다른 이름으로 저장하기] 대화상자에서 [라이브러리]–[문서] 폴더에 "반짝반짝별자리여행"을 입력 후 [저장]을 클릭

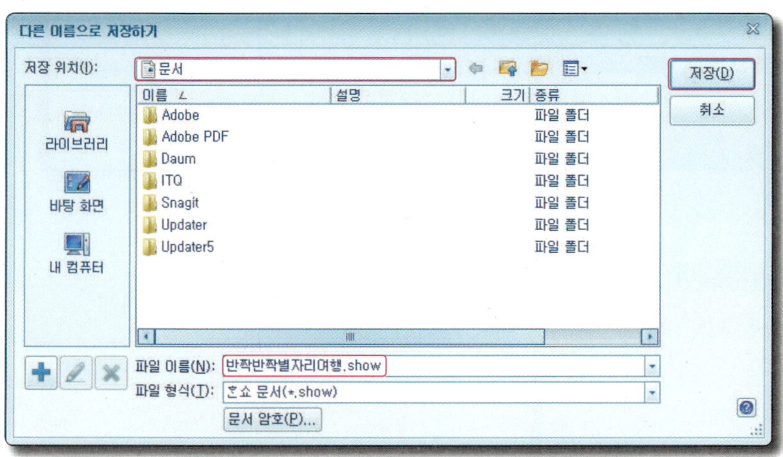

쪽 설정

한쇼 문서는 기본 페이지 설정이 '화면 슬라이드 쇼(4:3)' 크기로 설정되어 있으며 필요에 따라 A4 용지 크기에 맞춰 슬라이드 크기를 변경하거나 슬라이드 방향(가로, 세로), 슬라이드 시작 번호 등을 수정할 수 있습니다. 사용 방법은 [파일]–[쪽 설정]을 클릭하여 변경합니다.

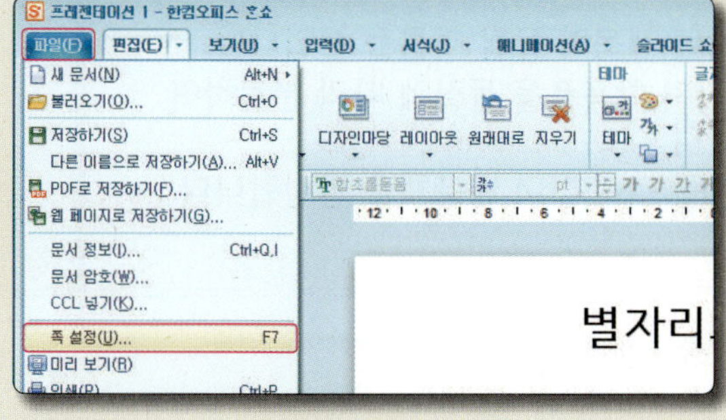
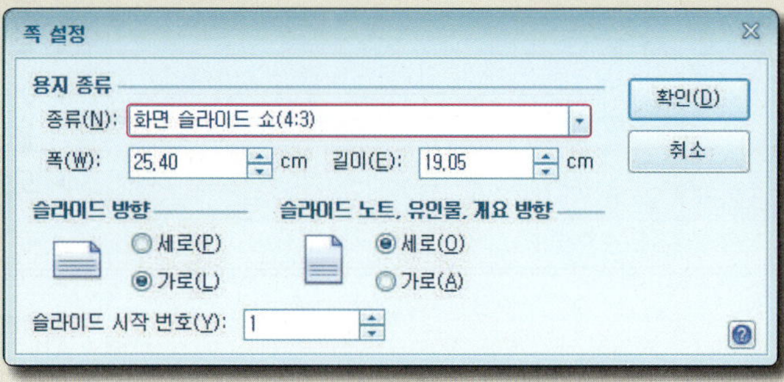

1 한쇼 2010 프로그램을 실행 후 다음과 같이 2개의 슬라이드를 만들어 보세요.

- 저장 : 저장 위치(라이브러리₩문서), 파일 이름(블루오션 전략)

블루오션 전략

BLUEOCEAN STRATEGY

목차

- 블루오션 전략의 개념
- 블루오션 성공 사례
- 전략캔버스의 적용
- 블루오션 전략의 실행

2 한쇼 2010 프로그램을 실행 후 다음과 같이 2개의 슬라이드를 만들어 보세요.

- 저장 : 저장 위치(라이브러리₩문서), 파일 이름(물체와 물질)

물체와 물질

물체의 분류

병풍책 만들기

- 도화지와 병풍책 붙임 딱지를 준비합니다.
- 도화지를 병풍처럼 4등분하여 접은 후 다시 펼칩니다.
- 도화지에 제목과 물질 이름을 붙입니다.
- 여러 가지 학용품을 물질에 따라 분류하여 붙입니다.
- 도화지를 다시 접어 병풍책을 완성합니다.

3 한쇼 2010 프로그램을 실행 후 다음과 같이 2개의 슬라이드를 만들어 보세요.

- 저장 : 저장 위치(라이브러리₩문서), 파일 이름(물질의 상태)

물질의 상태

고체란

고체 알아보기

- 고체란 일정한 모양과 크기를 가지고 있는 물질의 상태입니다.
- 담는 그릇이 바뀌어도 모양과 크기가 변하지 않습니다.
- 고체 물질에는 나무, 철, 플라스틱 등이 있습니다.
- 고체 물질로 이루어진 물체: 연필, 지우개, 가위, 공책, 크레파스, 리코더

4 한쇼 2010 프로그램을 실행 후 다음과 같이 2개의 슬라이드를 만들어 보세요.

- 저장 : 저장 위치(라이브러리₩문서), 파일 이름(양만춘)

안시성의 성주 양만춘

렉스초등학교

안시성의 성주 양만춘

- 고구려 보장왕 때의 안시성 성주
- 645년 당나라는 10만 명이 넘는 군사를 동원하여 고구려를 침공, 요동지방의 여러 성을 잇달아 함락시킨 뒤 태종의 직접 지휘로 안시성을 공격
- 당나라 군대는 하루에도 6~7회의 공격을 가하고 마지막 3일 동안은 전력을 다하여 총공세로 나왔으나 끝내 함락시키지 못하였다.

Chapter 02 알록달록 프레젠테이션 문서 꾸미기

- 저장한 슬라이드를 불러오고 글자 모양을 꾸미는 방법에 대해 알아보겠습니다.
- 글꼴 색을 바꾸고 다른 이름으로 저장하는 방법에 대해 알아보겠습니다.

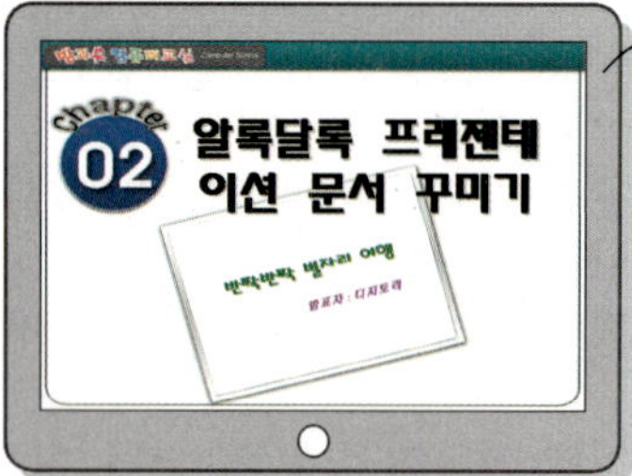

먼저 공부 할 내용
한쇼2010.show(Chapter02)

완성작품 미리보기

작성한 문서를 저장해 두면 필요할 때 언제든지 불러와 문서를 수정 및 이쁘게 꾸밀 수 있습니다. 이번 시간에는 미리 작성해 저장해 둔 문서를 열고 글꼴 및 글자 크기, 글자 속성 등을 변경하여 예쁘게 문서를 꾸미는 방법에 대해 알아볼 까요?

파일 열기

1. 한쇼 2010을 실행 후 [파일]–[불러오기]를 클릭

2. [불러오기] 대화상자가 나타나면 찾는 위치(Chapter02) 폴더의 'Chapter02'를 선택 후 [열기]를 클릭

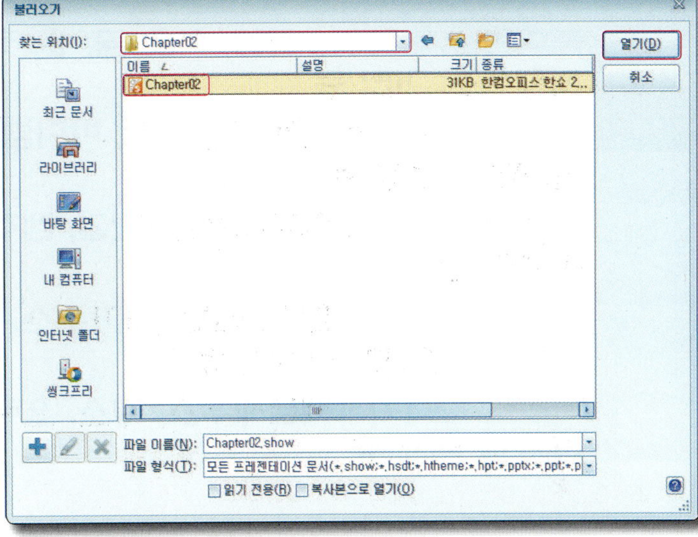

Tip

찾는 위치

C:\방과후컴퓨터교실\한쇼 2010\Chapter02

글꼴 서식 변경하기

3. 1번 슬라이드의 제목 텍스트 상자를 선택 후 글꼴 서식 지정

4. 부제목 텍스트 상자를 선택 후 글꼴 서식 지정

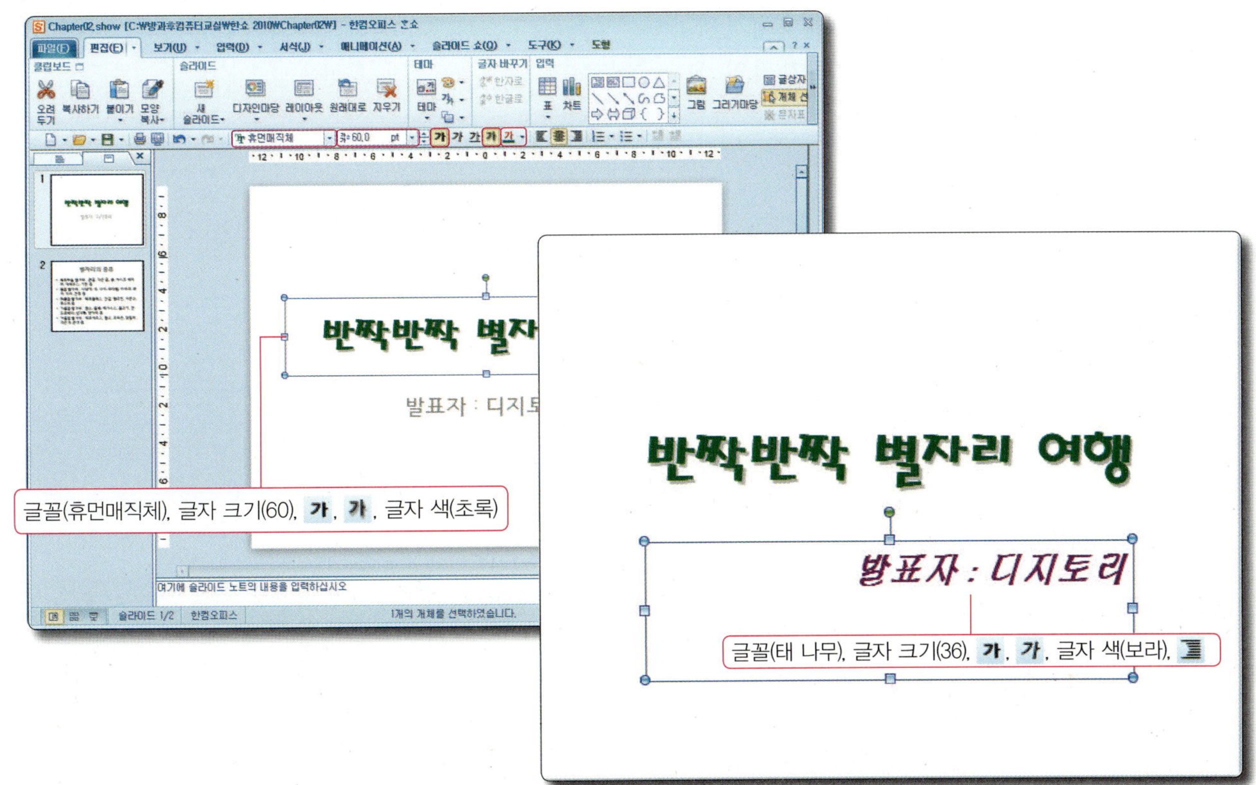

5. 같은 방법으로 2번 슬라이드의 제목 및 내용의 글꼴 서식 지정

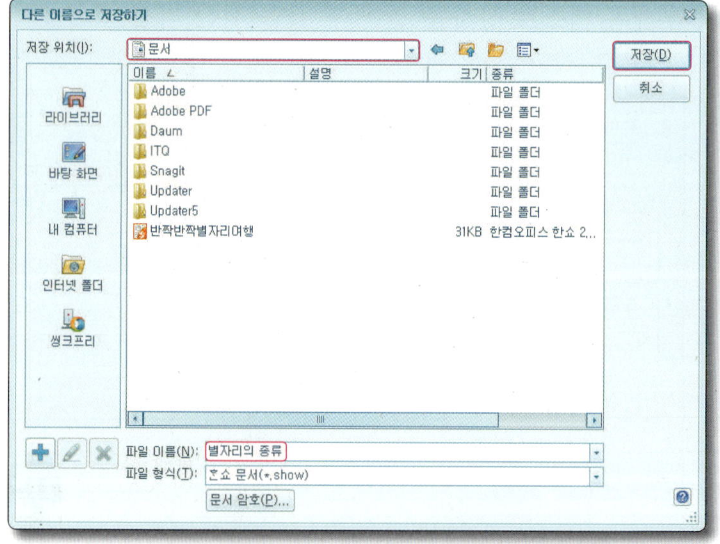

다른 이름으로 저장하기

6. [파일]–[다른 이름으로 저장하기]를 클릭

7. [다른 이름으로 저장하기] 대화상자에서 [라이브러리]–[문서] 폴더에 "별자리의 종류"를 입력 후 [저장]을 클릭

1 '문제01' 파일을 열고 다음과 같이 슬라이드를 수정해 보세요.

❶ 글꼴(HY견고딕), 글자 크기(44), 진하게(가), 그림자(가), 글자 색(보라(RGB: 128,0,128))
❷ 글꼴(굴림), 글자 크기(32), 글자 색(강조 5 에메랄드 블루(RGB: 53,135,145))
❸ 글꼴(굴림), 글자 크기(32), 글자 색(강조 6 진달래색(RGB: 202,86,167))

❶ 도자기의 정의

- 도기와 자기의 합성어
❷ 도기 : 그릇 표면에 유약을 시유하지 않은 계통이 모두 포함된 것
❸ 자기 : 초벌구이를 한 그릇 표면에 유약을 씌우고 가마 안에서 1,250도 이상의 고온으로 환원염 변조

2 '문제02' 파일을 열고 다음과 같이 슬라이드를 수정해 보세요.

❶ 글꼴(궁서체), 글자 크기(50), 글자 색(강조 4 멜론색(RGB: 105,155,55))
❷ 글꼴(궁서체), 글자 크기(33), 글자 색(시안(RGB: 66,199,241))
❸ 글꼴(휴먼옛체), 글자 크기(33), 글자 색(주황(RGB: 255,102,0))
❹ 글꼴(문체부 바탕체), 글자 크기(33), 글자 색(파랑(RGB: 0,0,255))
❺ 글꼴(휴먼편지체), 글자 크기(33), 글자 색(보라(RGB: 128,0,128))

❶ 추석이란

❷ 시기 : 매년 음력 8월 15일
❸ 유래 : 신라시대 때 부녀자들이 길쌈으로 승부를 내어 잔치를 하던 것에서 비롯
❹ 추석의 음식 : 송편, 토란 국, 율란, 배 숙 등
❺ 추석의 민속 놀이 : 강강술래, 씨름, 소싸움, 가마 싸움 등

3 '문제03' 파일을 열고 다음과 같이 슬라이드를 수정해 보세요.

- 제목 슬라이드 : 제목 텍스트 상자(글꼴(한컴 쿨재즈 B), 글자 크기(60), 진하게(**가**))
- 제목 및 내용 슬라이드
  - 제목 텍스트 상자 : 글꼴(한컴 쿨재즈 B), 글자 크기(48), 진하게(**가**)
  - 내용 텍스트 상자 : 글꼴(돋움), 글자 크기(28)

4 '문제04' 파일을 열고 다음과 같이 슬라이드를 수정해 보세요.

- 제목 슬라이드 : 제목(글꼴(한컴 솔잎 B), 글자 색(임의의 색))
- 제목 및 내용 슬라이드 : 제목(글꼴(한컴 솔잎 B), 내용(글꼴(한컴 바탕), 글자 색(임의의 색))

Chapter 03 세련된 슬라이드로 아나운서 뽐내기

☞ 테마를 지정하는 방법에 대해 알아보겠습니다.

☞ 한글을 한자로 변환하는 방법에 대해 알아보겠습니다.

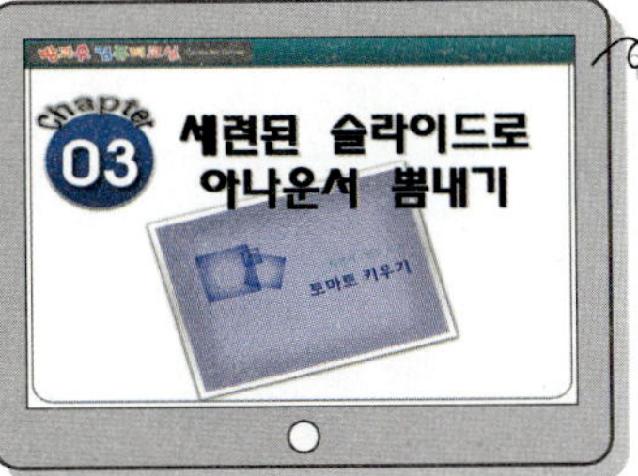

먼저 공부 할 내용
한쇼2010.show(Chapter03)

완성작품 미리보기

보기 좋은 떡이 먹기도 좋은 법!!
슬라이드 문서가 예쁘면 발표하는 사람이나 보는 청중들도 좋습니다. 이번 시간에는 테마라는 기능을 이용하여 슬라이드를 세련되게 꾸미고, 한글로 입력된 글자를 한자로 변환하는 방법에 대해 알아볼까요?

테마 지정하기

1. 'Chapter03' 파일을 열고 [서식] 탭-[테마] 그룹에서 [자세히(↓)]를 클릭 후 [입체]를 선택

2. [테마] 그룹의 [색]을 눌러 [조각]을 선택

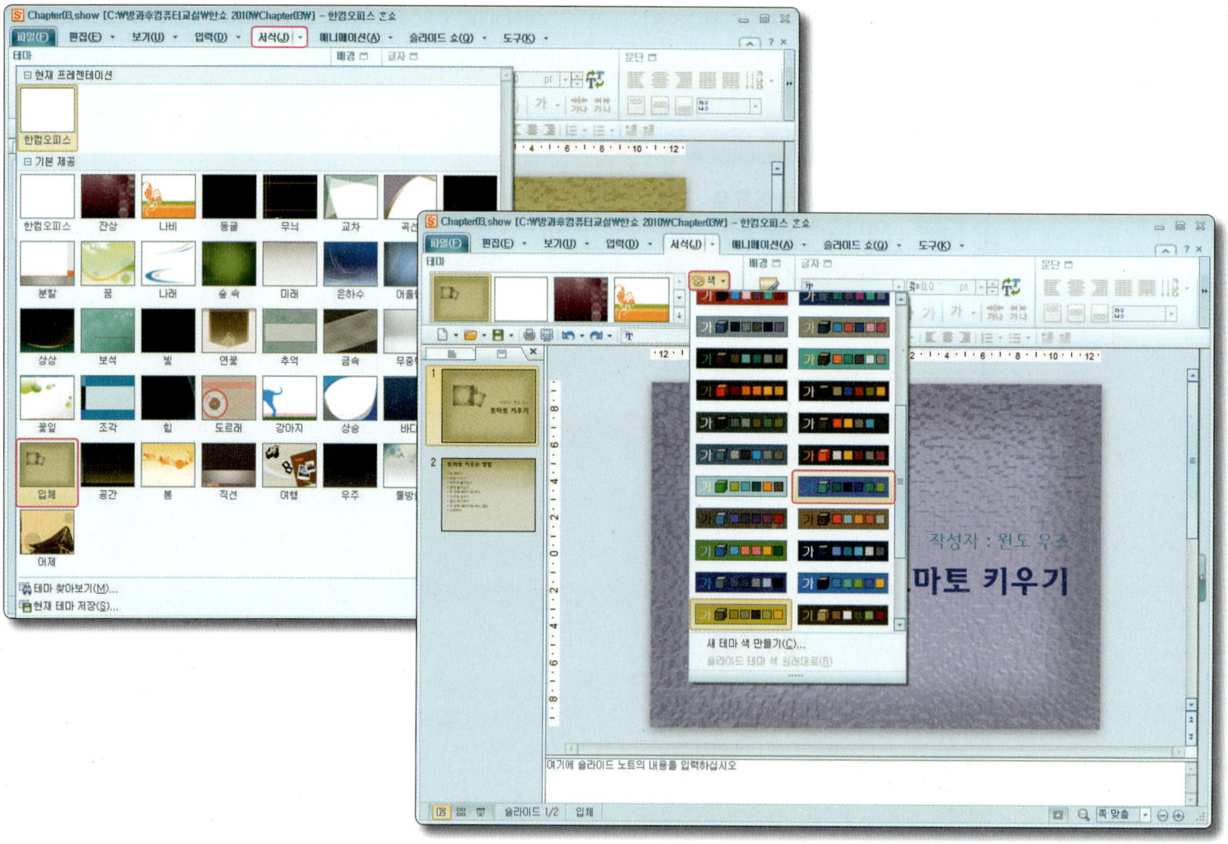

한자 변환하기

3. 2번 슬라이드의 내용에서 '모종' 단어 뒤에 커서를 위치시킨 후 [편집] 탭-[글자 바꾸기] 그룹에서 [한자로]를 클릭

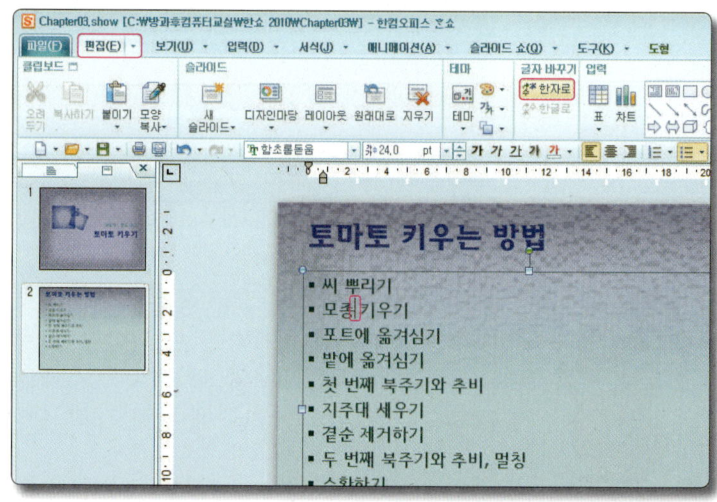

Tip

키보드에서 [한자]를 눌러도 [한자로 바꾸기] 대화상자가 나타납니다.

4. [한자로 바꾸기] 대화상자에서 한자(某
   種) 및 입력 형식(한글(漢字))을 선택 후
   [바꾸기]를 클릭

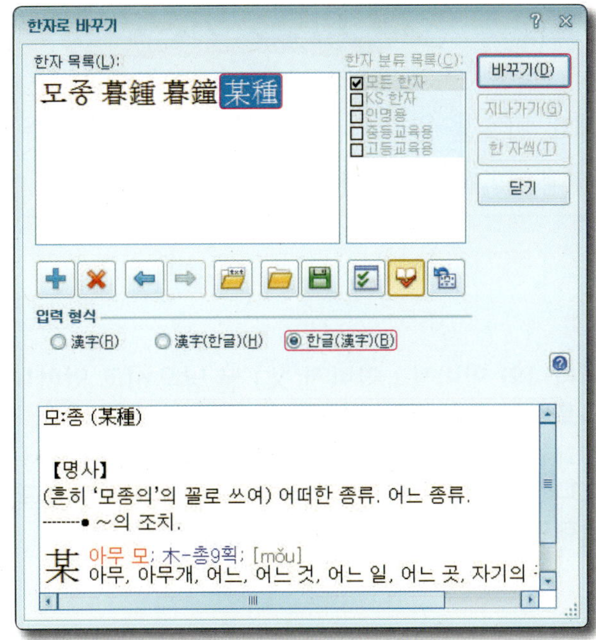

입력 형식

- 漢字 : 모종 → 某種
- 漢字(한글) : 모종 → 某種(모종)
- 한글(漢字) : 모종 → 모종(某種)

5. 같은 방법으로 '수확'을 한자 변환

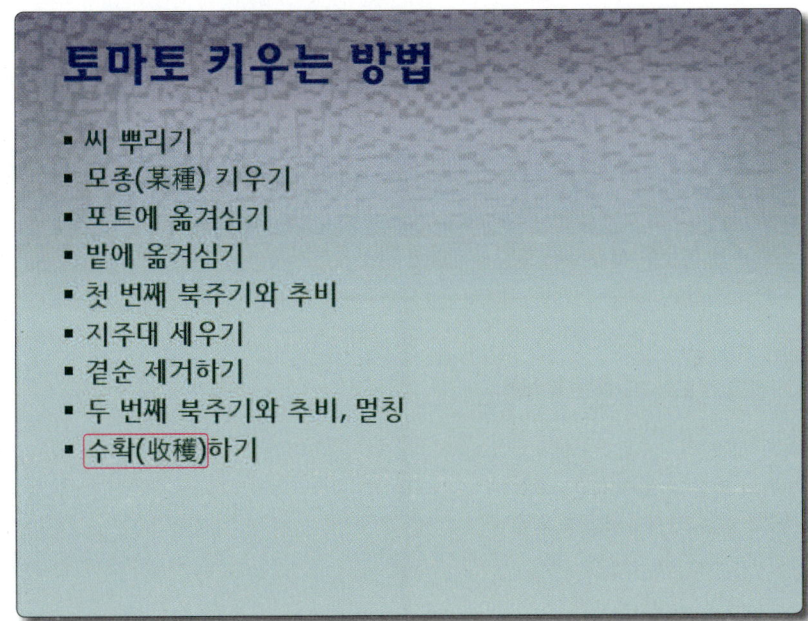

1 '문제01' 파일을 열고 다음과 같이 슬라이드를 수정해 보세요.

- 테마(봄) 및 한자 변환하기

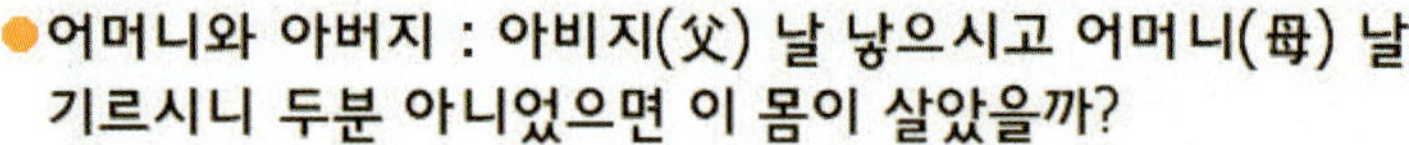

2 '문제02' 파일을 열고 다음과 같이 슬라이드를 수정해 보세요.

- 테마(꽃잎) 및 한자 변환하기

③ '문제03' 파일을 열고 다음과 같이 슬라이드를 수정해 보세요.

- 테마(은하수) 및 한자 변환하기

④ '문제04' 파일을 열고 다음과 같이 슬라이드를 수정해 보세요.

- 테마(우주) 및 한자 변환하기

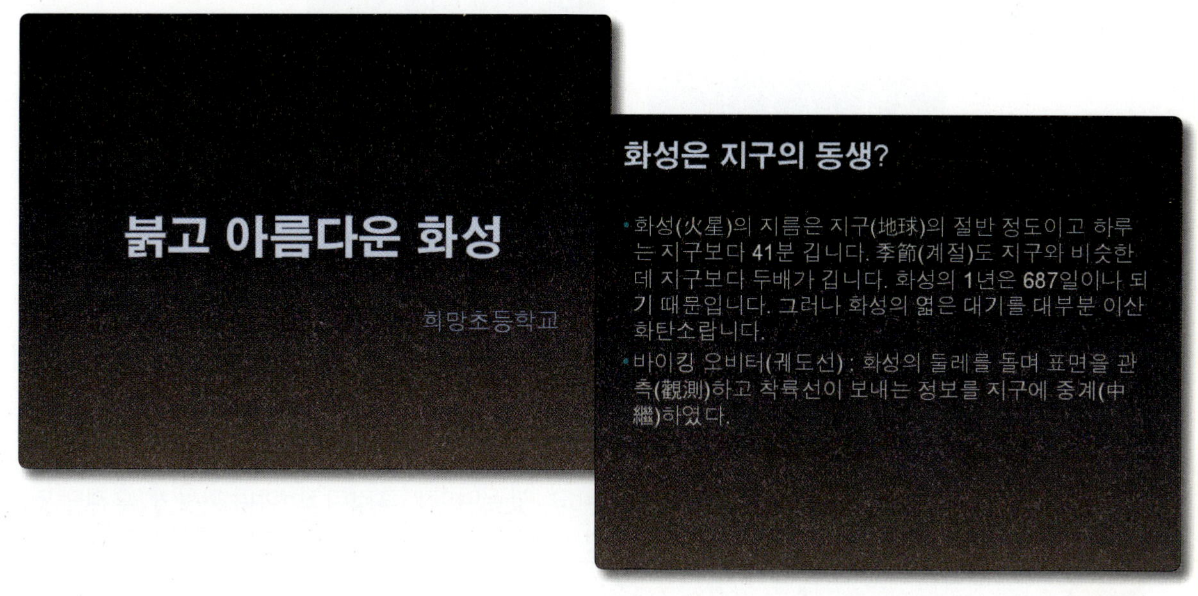

Chapter 04

우리말 달력으로 우리말 박사되기

✍ 텍스트 상자의 크기와 위치를 변경하는 방법에 대해 알아보겠습니다.
✍ 텍스트 상자에 색을 채우는 방법에 대해 알아보겠습니다.

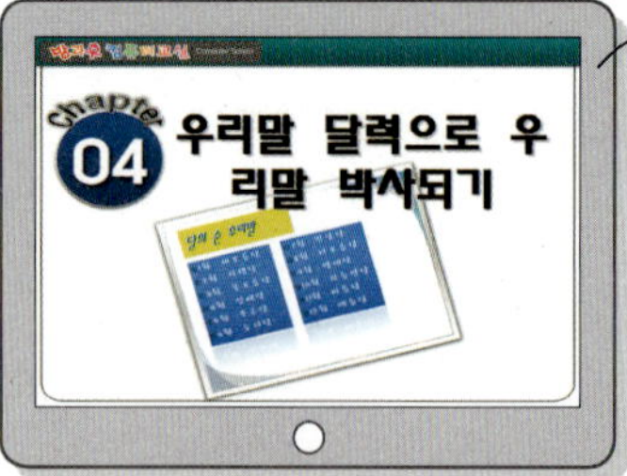

먼저 공부 할 내용
한쇼2010.show(Chapter04)

완성작품 미리보기

달의 순 우리말

○1월 : 해오름달	○7월 : 만남달
○2월 : 시샘달	○8월 : 타오름달
○3월 : 물오름달	○9월 : 열매달
○4월 : 잎새달	○10월 : 하늘연달
○5월 : 푸른달	○11월 : 미틈달
○6월 : 누리달	○12월 : 매듭달

글설리, 낄끼빠빠, 별다줄, 갑비, 제곧내 등 신조어를 아시나요? 요즘 너무 많은 신조어들이 생겨나고 있습니다. 그렇다고 아나운서가 우리말을 사용하지 않고 신조어를 사용한다면 어떻게 될까요? 순 우리말을 많이 사용해야 우리나라에도 이렇게 아름다운 우리말이 많구나하고 사람들이 생각하겠죠? 이번 시간에는 우리말 달력을 만들어 우리말에 대해 배우고 반성하는 시간을 가져봅시다.

텍스트 상자의 크기와 위치 바꾸기

1. 'Chapter04' 파일을 열고 텍스트 상자의 크기 조절점(■)를 드래그하여 크기 조절

2. 텍스트 상자의 위치를 이동

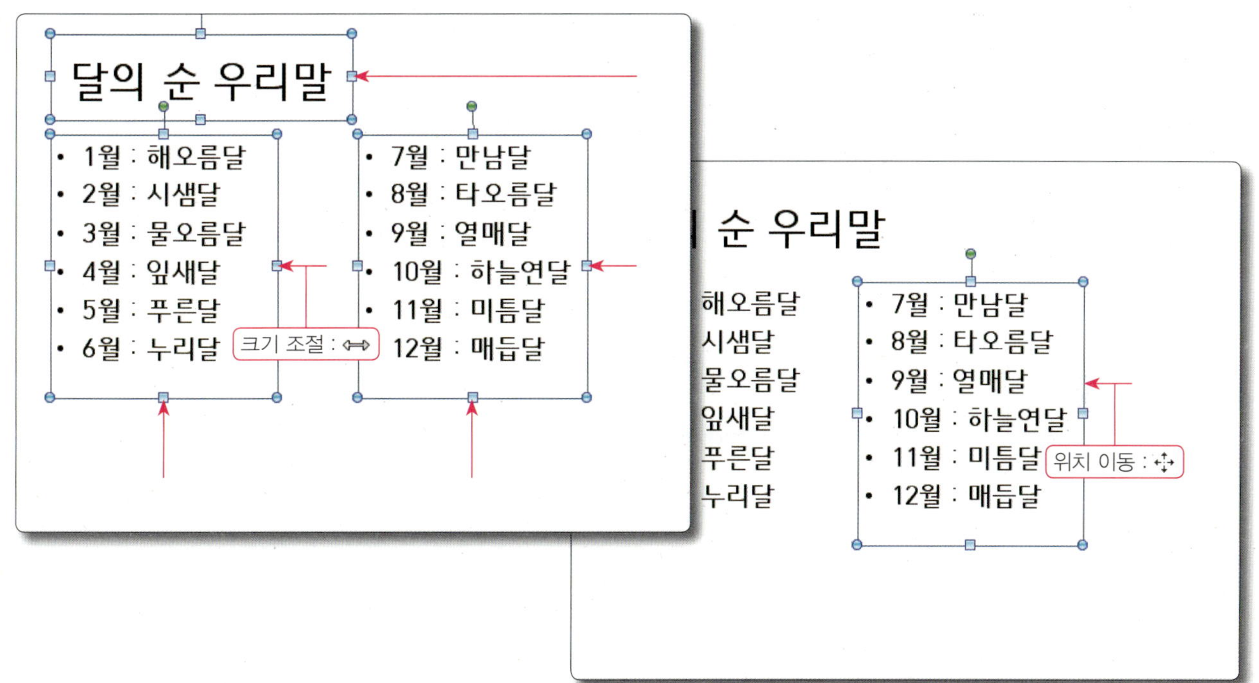

Tip

텍스트 상자를 선택한 상태에서 마우스 포인터가 ⬉ ⬈, ↔, ↕ 모양이면 크기 조절을, ✛ 모양이면 이동을 할 수 있습니다.

3. [서식] 탭-[테마] 그룹에서 [자세히(▾)]
   를 클릭 후 [상승]을 선택

텍스트 상자 멋있게 꾸미기

4. 제목 텍스트 상자를 선택 후 [도형] 탭-[스타일] 그룹에서 [채우기]의 목록(▾)단추를 클릭한 다음 [노랑]을 선택

5. [서식] 도구 모음에서 글꼴 서식을 지정

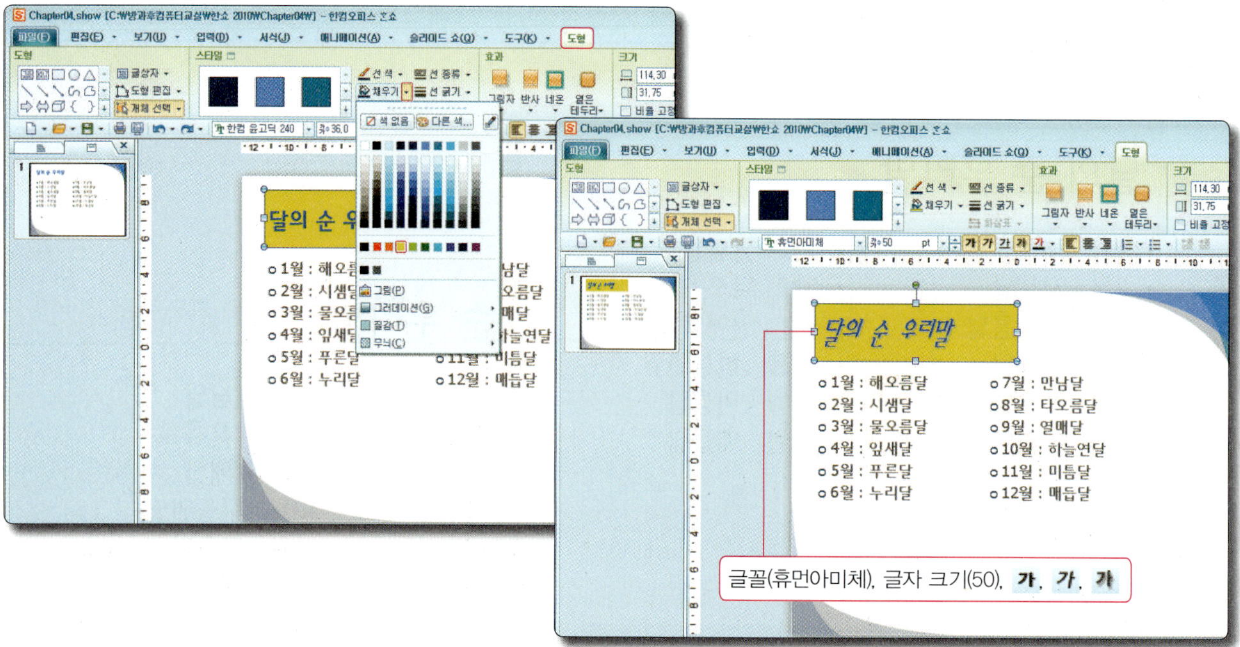

6. 내용 텍스트 상자를 선택 후 [스타일] 그룹에서 [자세히(▾)]를 클릭한 다음 [보통 효과 – 강조 2]를 선택

7. [서식] 도구 모음에서 글꼴 서식을 지정

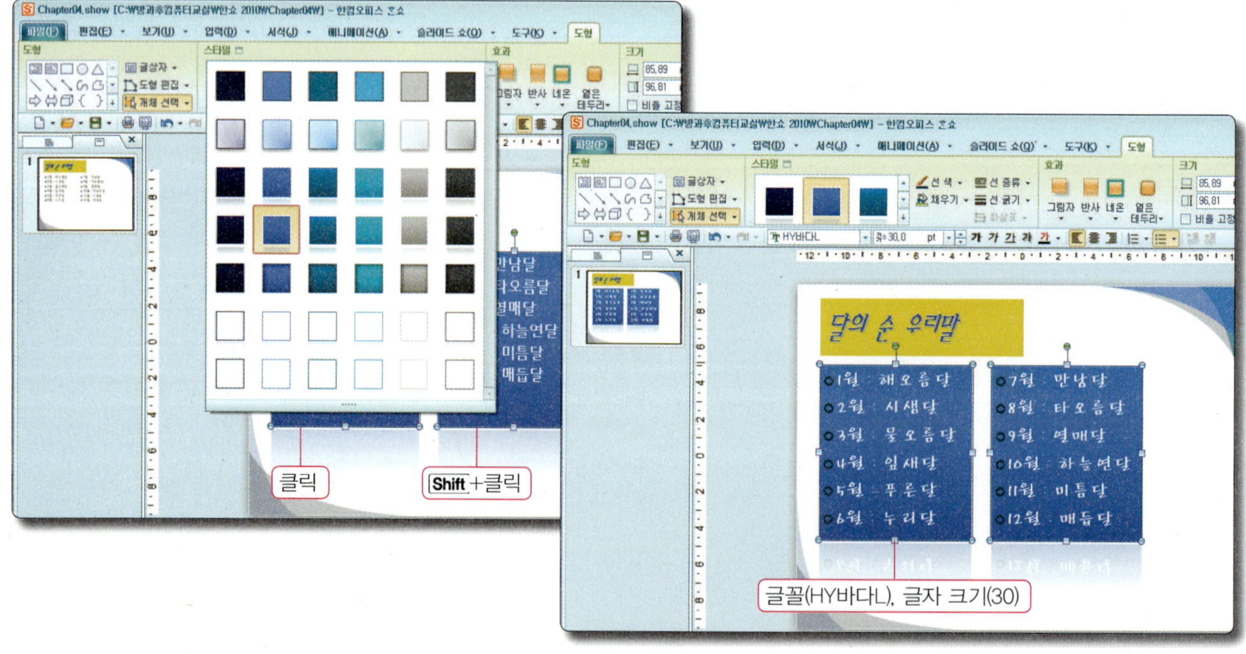

1 '문제01' 파일을 열고 다음과 같이 슬라이드를 수정해 보세요.

- 제목 텍스트 상자 : 글꼴(휴먼둥근헤드라인), 글자 크기(44), 스타일(보통 효과 – 강조 5)
- 부제목 텍스트 상자 : 글꼴(휴먼둥근헤드라인), 글자 크기(32), 글자 색(보라(RGB: 128,0,128)), 스타일(밝은 계열 – 강조 1)

2 '문제02' 파일을 열고 다음과 같이 슬라이드를 수정해 보세요.

- 제목 텍스트 상자 : 글꼴(한컴 소망 B), 글자 크기(40), 스타일(테두리 – 강조 2, 채우기 없음)
- 부제목 텍스트 상자 : 글꼴(HY바다M), 글자 크기(32), 글자 색(검정(RGB: 0,0,0)), 스타일(밝은 계열 – 강조 2)

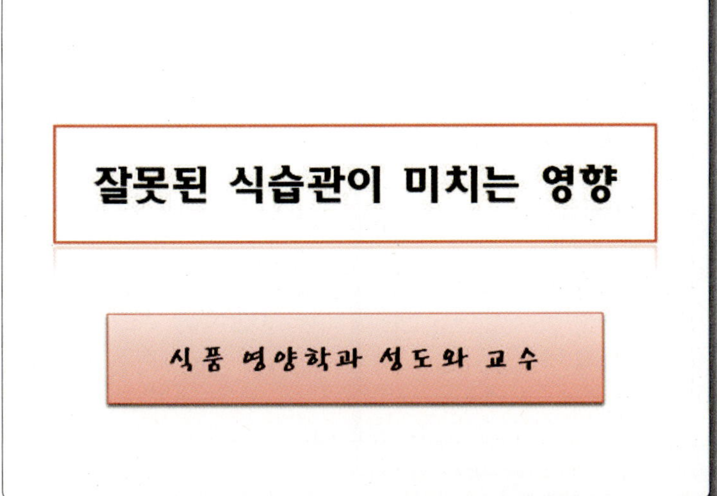

3 '문제03' 파일을 열고 다음과 같이 슬라이드를 수정해 보세요.

- 디자인 : 성공

- 내용 텍스트 상자 : 스타일(밝은 계열 – 강조 5)

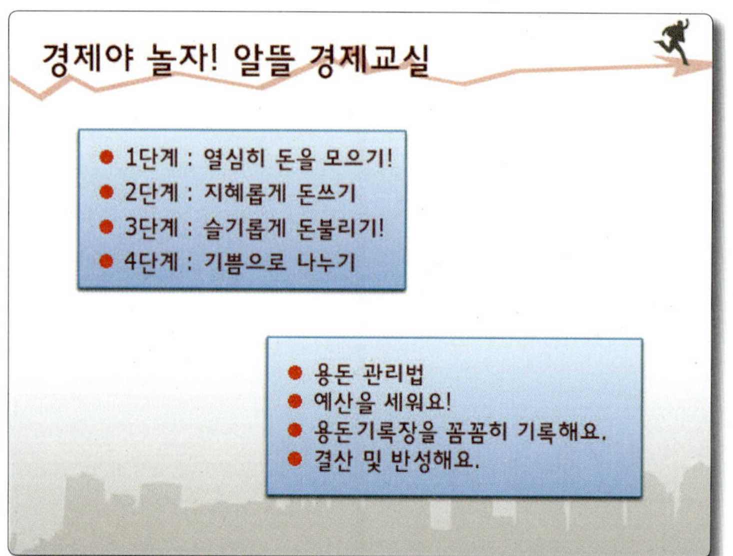

힌트

미리 만들어 놓은 디자인 서식을 적용하면, 슬라이드의 배경이나 제목, 내용 등의 서식을 일일이 지정하지 않고도 통일감 있는 디자인의 문서를 손쉽게 만들 수 있습니다.

- [서식] 탭의 목록( )을 클릭 후 [디자인]을 클릭한 다음 [디자인] 작업 창에서 [성공]을 클릭

4 '문제04' 파일을 열고 다음과 같이 슬라이드를 수정해 보세요.

- 테마 : 미래
- 뮤지컬/도서 : 글꼴(돋움), 글자 크기(32)
- 내용 텍스트 상자 : 글꼴(돋움), 글자 크기(24), 스타일(테두리 – 강조 6, 채우기 – 본문/배경 밝은 색 1)

Chapter 05 아나운서 자기 소개서 만들기

- 나만의 텍스트 상자를 만드는 방법에 대해 알아보겠습니다.
- 클립아트를 삽입하는 방법에 대해 알아보겠습니다.

완성작품 미리보기

예비 아나운서 토리를 소개합니다.

- 이름 : 디지토리
- 나이 : 10살
- 별명 : 어벙이
- 성격 : 평소에는 내성적이나 무엇이든 한번 마음을 먹으면 끝까지 해내는 끈기가 있음
- 좋아하는 것 : 나무, 친구, 우주, 외계인

평범한 자기 소개서는 NO NO NO~~
나만의 개성을 잘 표현할 줄 아는 센스를 발휘해서 자기 소개서를 만들면 좋은 점수를 얻을 수 있습니다. 이번 시간에는 텍스트 상자를 입체감 있게 꾸며주고, 클립아트도 삽입하여 멋진 자기 소개서를 만들어 볼까요?

나만의 텍스트 상자 만들기

1. '**Chapter05**' 파일을 열고 제목 텍스트 상자를 선택 후 [도형] 탭–[스타일] 그룹에서 [채우기]의 목록(▾) 단추를 클릭한 다음 [주황]을 클릭

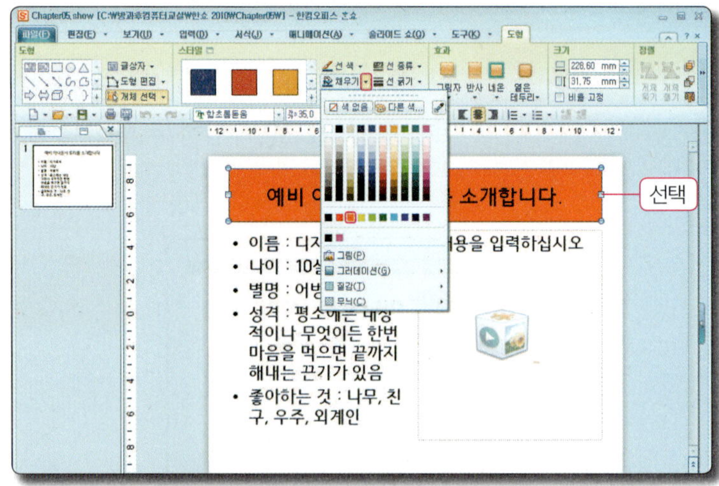

2. [효과] 그룹에서 [그림자]–[안쪽의 대각선 오른쪽 아래(▢)]를 클릭

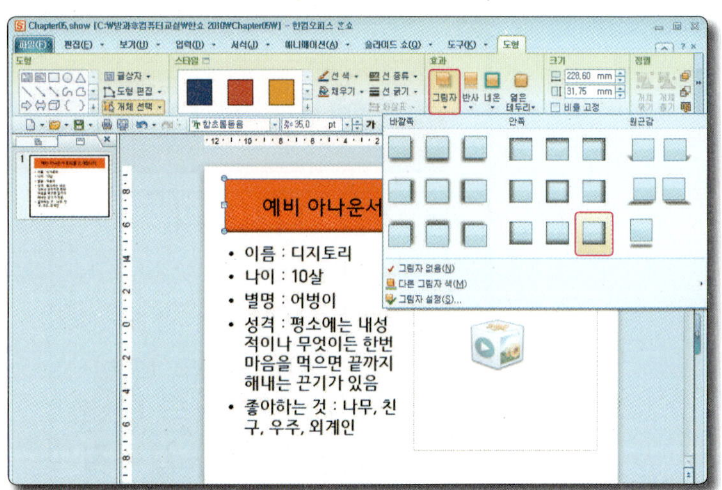

3. 왼쪽 내용 텍스트 상자를 선택 후 [스타일] 그룹에서 [자세히(▾)]를 클릭한 다음 [밝은 계열 – 강조 5]를 클릭

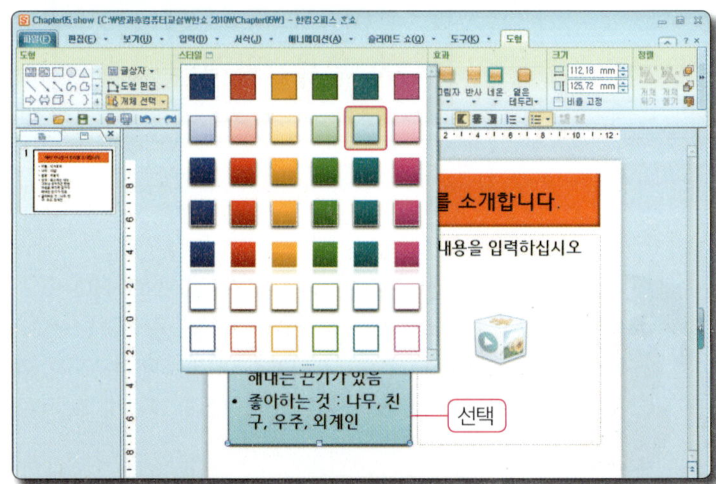

클립아트 삽입하기

4. 오른쪽 텍스트 상자의 [내용()]–[클립
   아트]를 클릭

> **Tip**
>
> [입력] 탭–[개체] 그룹에서 [그리기마당]을 클릭
> 하여 클립아트를 삽입할 수도 있습니다.

5. [그리기 마당] 대화상자가 나타나면 [기
   본 클립아트] 탭–[캐릭터(인물)]을 클릭
   후 [놀란얼굴, 캐릭터, 인물]을 선택한
   다음 [넣기]를 클릭

6. 클립아트의 크기 조절점을 드래그하여
   크기 조절

> **Tip**
>
> • Ctrl : 그림의 정 가운데를 기준으로 크기 조절
> • Shift : 상/하/좌/우 같은 비율로 크기 조절

1 '문제01' 파일을 열고 다음과 같이 슬라이드를 수정해 보세요.

- 테마 : 어제
- 클립아트 : 탑

2 '문제02' 파일을 열고 다음과 같이 슬라이드를 수정해 보세요.

- 디자인 : 통신
- 클립아트 : 휴대전화

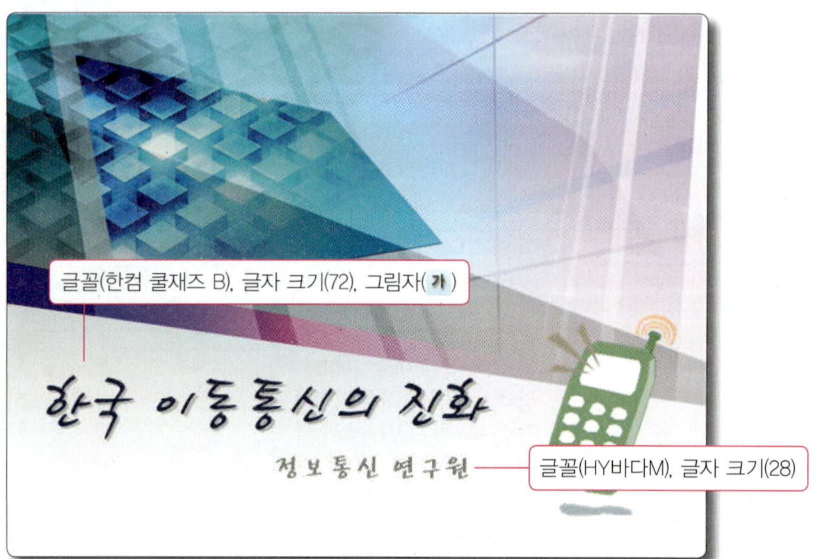

3 '문제03' 파일을 열고 다음과 같이 슬라이드를 수정해 보세요.

- 테마 : 오렌지

- 클립아트 : 길건너는아이

4 '문제04' 파일을 열고 다음과 같이 슬라이드를 수정해 보세요.

- 테마 : 숲 속   - 클립아트 : 호랑이1

- 오른쪽 내용 텍스트 상자 : 스타일(테두리 – 강조 4, 채우기 없음)

힌트

[글자/문단 모양] 대화상자

[서식] 탭의 목록 단추(▾)를 클릭 후 [글자/문단 모양]을 클릭한 다음 [글 자/문단 모양] 대화상자가 나타나면 [문단 모양] 탭을 클릭하고 [세로 : 가 운데 맞춤(▣)]을 선택

Chapter 06
요리 쿡! 조리 쿡!

☝ 글머리표 및 번호 매기는 방법에 대해 알아보겠습니다.

✌ 슬라이드에 그림을 삽입하는 방법에 대해 알아보겠습니다.

완성작품 미리보기

요리 프로그램 진행 테스트를 받게 되었습니다. 이번 테스트는 정식 아나운서가 되기 위한 관문인데 자칫 당황하거나 해서 요리 순서를 잃어버리면 큰일 나겠죠. 요리 순서를 잊지 않도록 글머리표와 번호를 삽입해서 요리를 만드는 과정을 만드는 방법에 대해 알아볼까요?

글머리표 매기기 및 번호 매기기

1. 'Chapter06' 파일을 열고 왼쪽 내용 텍스트 상자의 "주재료" 앞에 커서를 위치시킨 후 [서식] 도구 모음에서 [글머리표 매기기]의 목록(▾) 단추를 클릭한 다음 ❖ 모양을 선택

2. 같은 방법으로 "만들기" 앞에 커서를 위치시킨 후 [글머리표 매기기] 수정

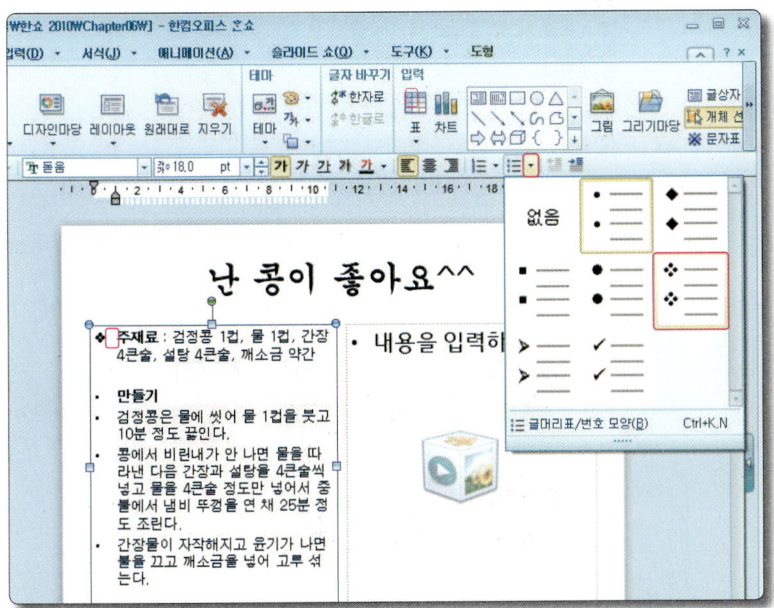

3. 만들기 순서를 드래그하여 블록으로 설정 후 [서식] 도구 모음에서 [번호 매기기]의 목록(▾) 단추를 클릭한 다음 ① ②를 선택

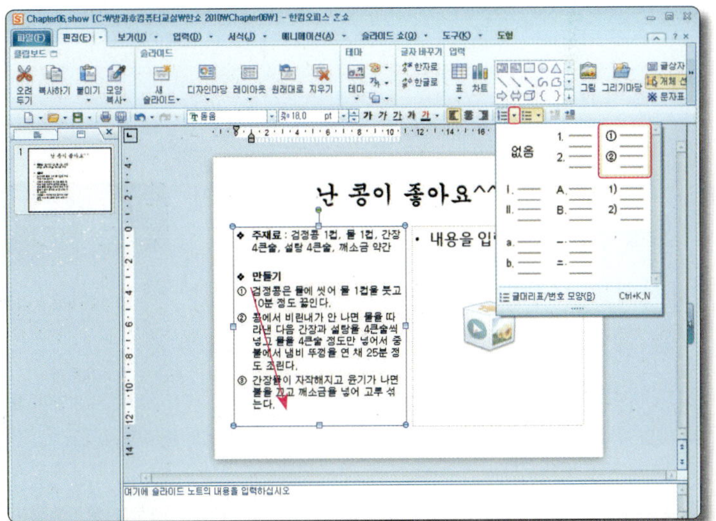

Tip

글머리표 매기기 및 번호 매기기를 이용하면 목록을 보기 좋게 정리할 수 있을 뿐만 아니라 간편하게 번호를 매겨 순서를 지정해 줄 수 있습니다.

그림 삽입하기

4. 오른쪽 내용 텍스트 상자의 [내용()]-[그림]을 클릭

> **Tip**
>
> [입력] 탭–[개체] 그룹에서 [그림]을 클릭하여 그림을 삽입할 수도 있습니다.

5. [그림 넣기] 대화상자가 나타나면 찾는 위치(Chapter06)를 지정 후 "콩자반"을 선택한 다음 [넣기] 클릭

6. 그림의 크기 조절점을 드래그하여 크기 조절

7. [서식] 탭–[테마] 그룹에서 [자세히(↓)]를 클릭 후 [은하수]를 선택

1 '문제01' 파일을 열고 다음과 같이 그림을 삽입하여 슬라이드를 완성해 보세요.

- 테마 : 도르래
- 그림 : 외발자전거

2 '문제02' 파일을 열고 다음과 같이 그림을 삽입하여 슬라이드를 완성해 보세요.

- 테마 : 나래
- 그림 : 쌀.jpg

3 '문제03' 파일을 열고 다음과 같이 그림을 삽입하여 슬라이드를 완성해 보세요.

- 테마 : 상승
- 번호 매기기 : 1. 2.
- 그림 : 야채 떡볶이.jpg, 그림자(바깥쪽의 대각선 오른쪽 아래)

4 '문제04' 파일을 열고 다음과 같이 그림을 삽입하여 슬라이드를 완성해 보세요.

- 테마 : 물방울
- 위 그림 : 김치.jpg, 스타일(광택)
- 아래 그림 : 김치스파게티.jpg, 스타일(반사)

Chapter 07 신비로운 색의 슬라이드 만들기

☝ 글머리표에 그림을 삽입하는 방법에 대해 알아보겠습니다.

✌ 그러데이션을 지정하는 방법에 대해 알아보겠습니다.

공룡이 어떻게 멸종되었는지에 대한 단독 취재 파일입니다. 벌써부터 관심이 대단한데요. 고급스럽고 예쁘게 만들어서 꼭 성공적인 발표를 해야겠습니다. 이번 시간에는 클립아트를 삽입하고 글머리표를 변경하는 방법과 슬라이드 배경에 그러데이션을 지정하는 방법에 대해 알아볼까요?

글머리에 그림 삽입하기

1. '생Chapter07' 파일을 열고 텍스트 상자의 크기 조절

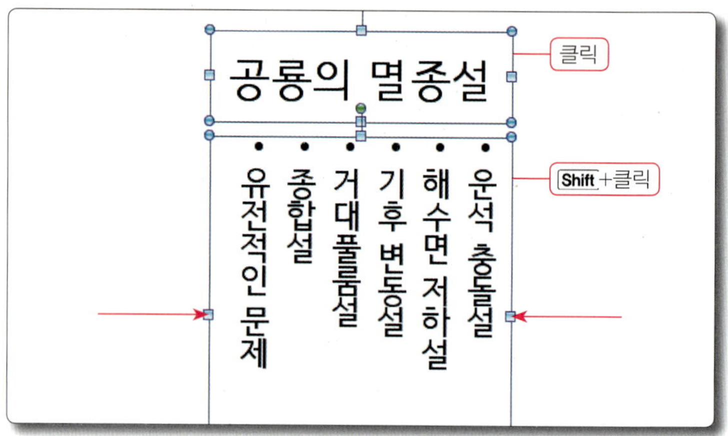

2. [입력] 탭-[개체] 그룹에서 [그리기마당] 클릭

3. 다음과 같이 클립아트를 삽입

Tip

- 동물(수생생물), 동물(육상생물), 동물(조류)
- 찾을 파일 : 공룡

4. 텍스트를 드래그하여 블록으로 설정

5. [서식] 도구 모음의 [글머리표 매기기]-[글머리표/번호 모양]을 클릭

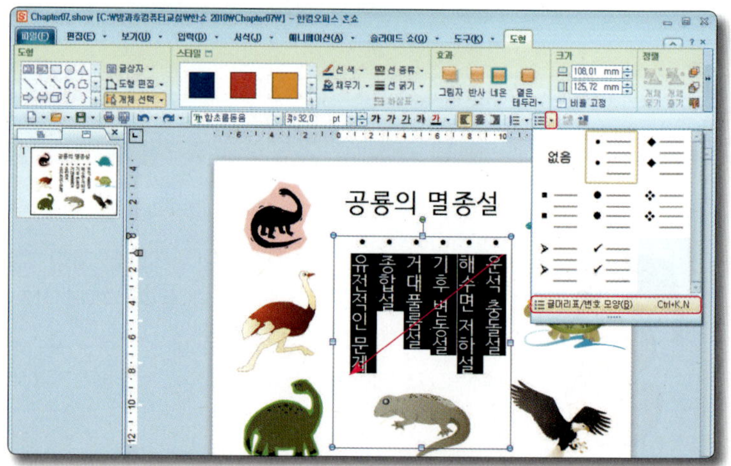

6. [글머리표/번호 모양] 대화상자가 나타나면 [그림 글머리표] 탭을 클릭 후 그림 글머리표 모양을 선택한 다음 [설정] 클릭

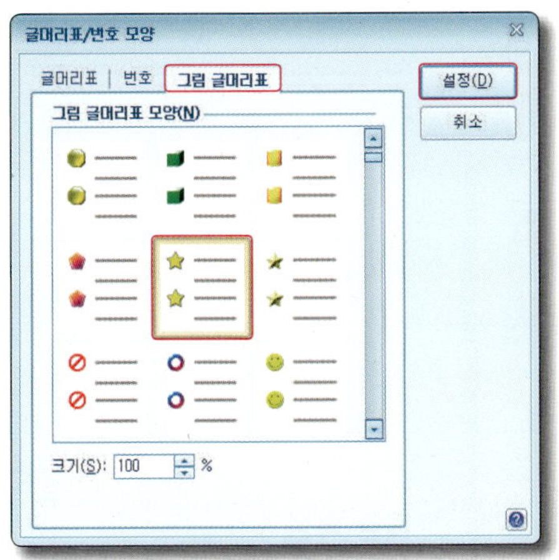

신비로운 마술 색 지정하기

7. 슬라이드의 빈 공간에서 바로가기 메뉴의 [배경 속성]을 클릭

8. [배경 속성] 대화상자가 나타나면 [그러데이션]를 클릭 후 [방향(아래쪽에서)]을 선택한 다음 [색(강조 4 멜론색(RGB: 105,155,55))]을 선택하고 [적용]을 클릭

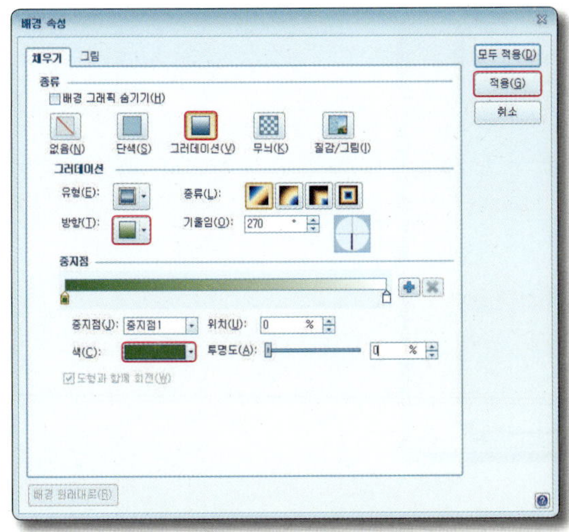

1 '문제01' 파일을 열고 다음과 같이 슬라이드를 수정해 보세요.

- 배경 그림 : 악수

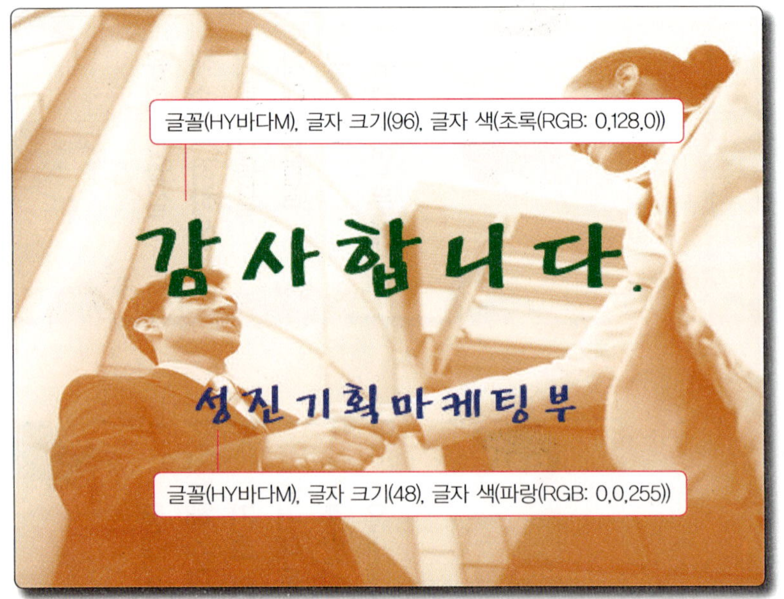

힌트

배경 속성

슬라이드의 빈 공간에서 바로가기 메뉴의 [배경 속성]을 클릭 후 [배경 속성] 대화상자가 나타나면 [채우기] 탭의 [질감/그림]을 선택한 다음 [그림]을 클릭하고 배경으로 지정할 그림을 선택합니다.

2 '문제02' 파일을 열고 다음과 같이 슬라이드를 수정해 보세요.

- 테마 : 여행
- 클립아트 : 비행기

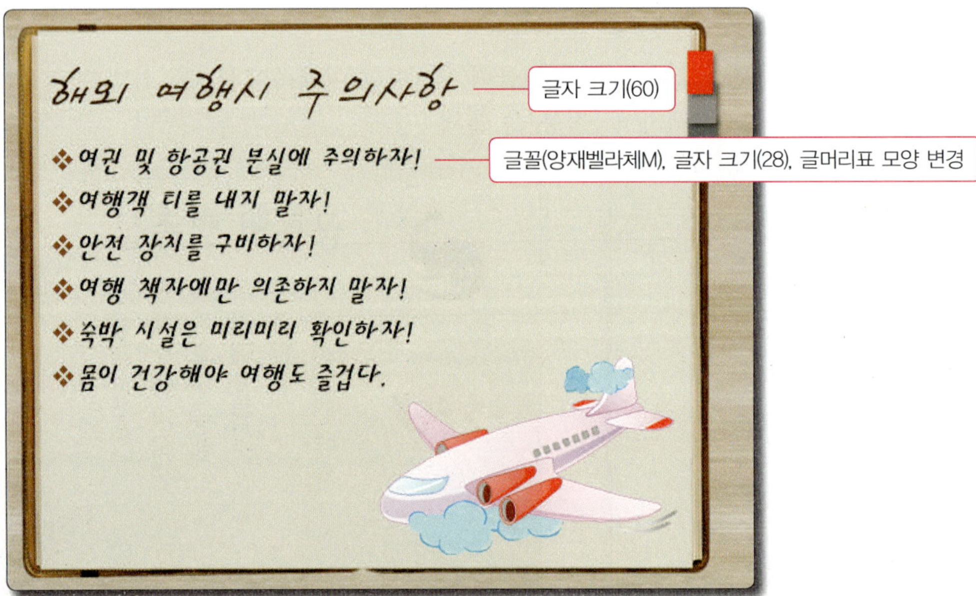

❸ '문제03' 파일을 열고 다음과 같이 슬라이드를 수정해 보세요.

- 배경 그림 : 상문

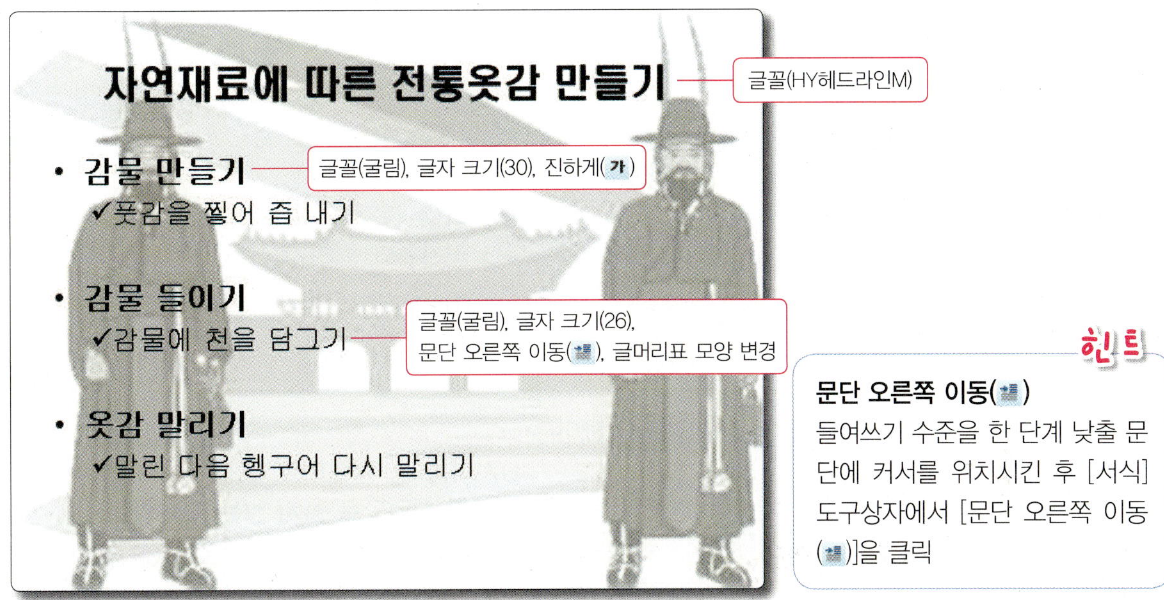

힌트

문단 오른쪽 이동(▣)
들여쓰기 수준을 한 단계 낮출 문단에 커서를 위치시킨 후 [서식] 도구상자에서 [문단 오른쪽 이동(▣)]을 클릭

❹ '문제04' 파일을 열고 다음과 같이 슬라이드를 수정해 보세요.

- 배경 그림 : 크리스마스
- 클립아트 : 산타

01 다음 중 한쇼 2010에서 저장한 문서의 파일 형식으로 옳은 것은?

① *.PPTX ② *.DOCX

③ *.SHOW ④ *.XLSX

02 한쇼에서 한 페이지 단위를 나타내는 용어로 옳은 것은?

① 그라데이션 ② 슬라이드

③ 프레젠테이션 ④ 애니메이션

03 보기의 그림과 같이 슬라이드를 작성할 때 설정해야 하는 레이아웃으로 옳은 것은?

① 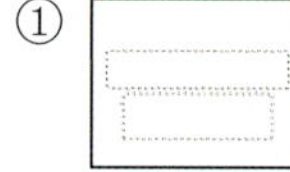
제목 슬라이드

② 
제목 및 내용

③ 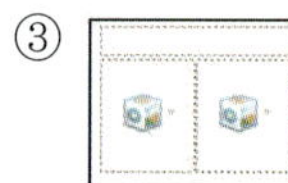
제목 및 내용 2개

④ 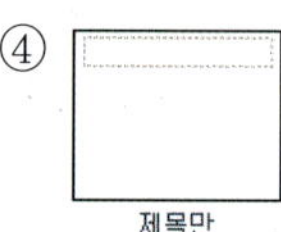
제목만

04 다음 중 텍스트에 그림자 스타일을 지정하는 글꼴 서식으로 옳은 것은?

① 가 ② 가 ③ 가 ④ 가

05 슬라이드에 클립아트를 삽입 후 클립아트를 편집할 때에 [그림] 정황 탭–[효과] 그룹에서 설정할 수 있는 기능으로 옳지 않은 것은?

① 그림 ② 그림자

③ 반사 ④ 옅은 테두리

06 다음 중 슬라이드의 배경으로 사용할 수 없는 것은?

① 그러데이션 ② 무늬

③ 질감/그림 ④ 비디오

07 다음 중 클립아트 작성 시 사용되는 조합키에 대한 설명으로 옳지 않은 것은?

① Alt : 수직/수평으로 개체 복사

② Shift : 가로/세로 비율 유지하며 크기 조절, 도형의 수직/수평 이동

③ Ctrl : 중심점으로 부터 개체 크기 조절, 개체 복사

④ Ctrl + Shift : 중심점과 비율을 유지한 크기 조절

08 보기의 클립아트와 같이 클립아트를 회전시킬 때 사용하는 것으로 옳은 것은?

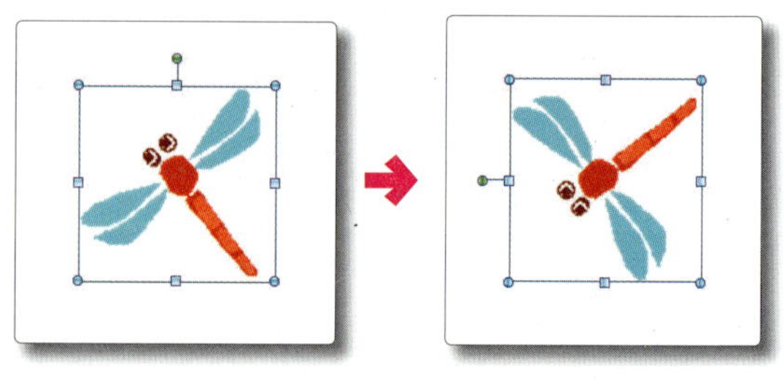

① ▫ ② ●

③ ◆ ④ ●

09 다음 조건을 이용하여 다음과 같은 슬라이드를 작성 후 저장(Computer System)해 보세요.

❶ 테마 : 테마(은하수), 색(꿈)

❷ 별도 지시사항이 없는 경우 임의 설정 가능

- 글꼴(맑은 고딕), 글자 크기(20), 진하게(가)
- 글꼴(휴먼중간샘체), 글자 크기(100), 진하게(가), 그림자(가)
- 문단 : 글꼴(맑은 고딕), 글자 크기(28), 진하게(가)
- 문단 : 글꼴(맑은 고딕), 글자 크기(24), 문단 오른쪽 이동(≣)

10 다음 조건을 이용하여 다음과 같은 슬라이드를 작성 후 저장(철도사업)해 보세요.

❶ 테마 : 나래

❷ 클립아트 : 기차

　－ 그림자 : 바깥쪽의 대각선 오른쪽 아래

❸ 별도 지시사항이 없는 경우 임의 설정 가능

- 글꼴(HY헤드라인M), 글자 크기(55), 진하게(가), 그림자(가), 가운데 정렬(≣)
- 글꼴(맑은 고딕), 글자 크기(24), 진하게(가)
- 글꼴(굴림), 글자 크기(20)
- 글꼴(휴먼엑스포), 글자 크기(28), 오른쪽 정렬(≣)

Chapter 09
도형으로 무엇이든 만들기

- 도형을 삽입하고 글자를 입력하는 방법에 대해 알아보겠습니다.
- 도형에 색을 채우고 효과를 지정하는 방법에 대해 알아보겠습니다.

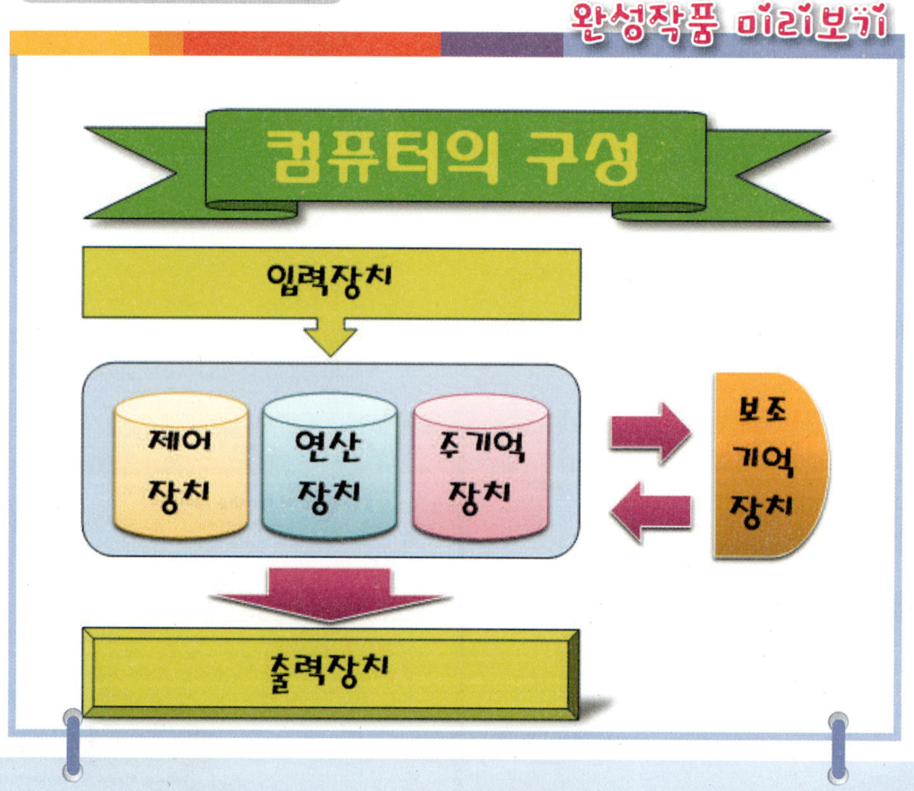

이번에 취재한 내용은 컴퓨터 구조에 관한 자료입니다. 좀 어려운 분야지만 아무리 어렵고 복잡한 일들도 자신감만 있으면 못할 일이 없겠죠. 이번 시간에는 도형을 삽입하고 글자를 입력 후 색과 효과를 지정하여 복잡한 컴퓨터 구조를 쉽게 이해할 수 있도록 작성해 볼까요?

도형 삽입하고 글자 입력하기

1. 'Chapter09' 파일을 열고 [편집] 탭–[입력] 그룹에서 자세히(↓)를 클릭

2. [별 및 현수막]–[위쪽 리본(⟐)]을 클릭

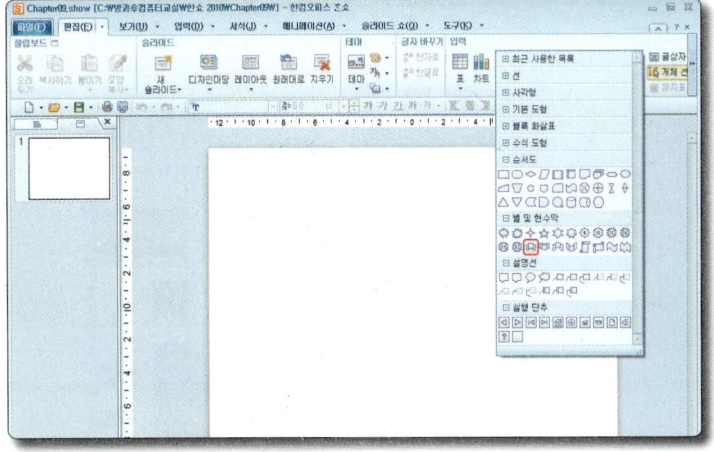

3. 마우스 포인터 모양이 변경되면 드래그하여 도형 작성

4. 모양 조절점을 드래그하여 리본 모양을 조절

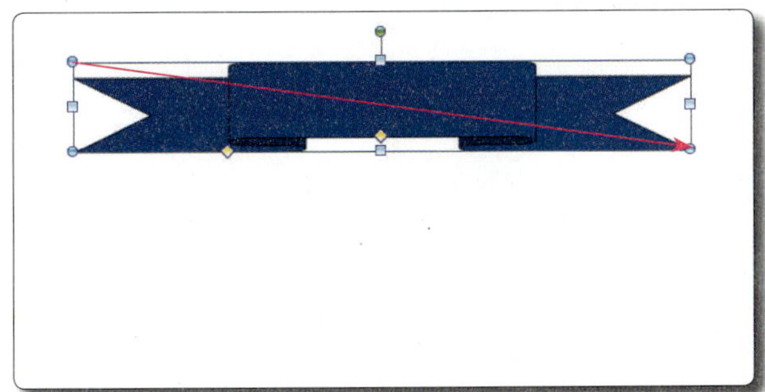

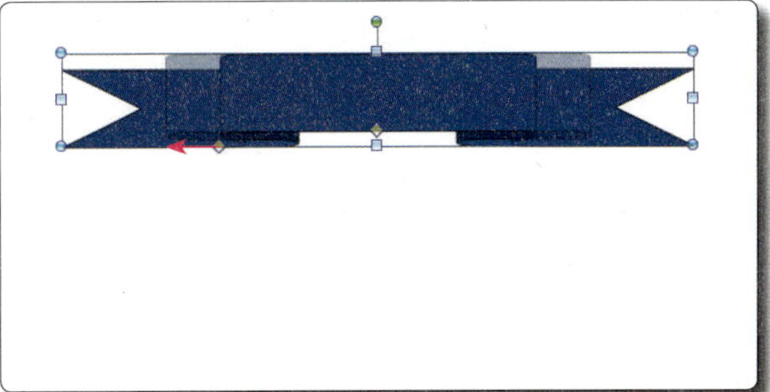

5. "컴퓨터의 구성"을 입력 후 글꼴 서식 지정

6. 같은 방법으로 도형 작성 후 글꼴 서식 지정

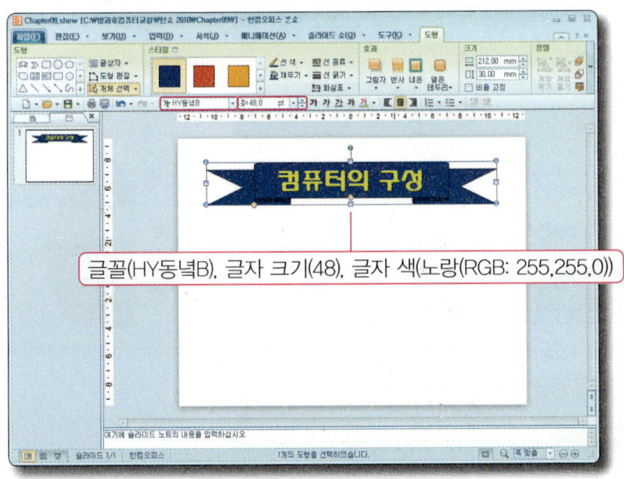

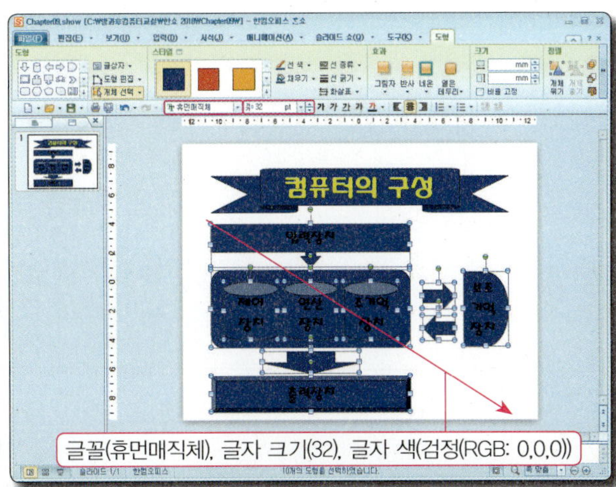

스타일과 효과 지정하기

7. 제목 도형을 선택 후 [도형] 정황 탭-[스타일] 그룹에서 [채우기]의 목록(▾) 단추를 클릭한 다음 [강조 4 멜론색(RGB: 105,155,55) 20% 밝게]를 클릭

8. 같은 방법으로 나머지 도형에 임의의 색을 지정

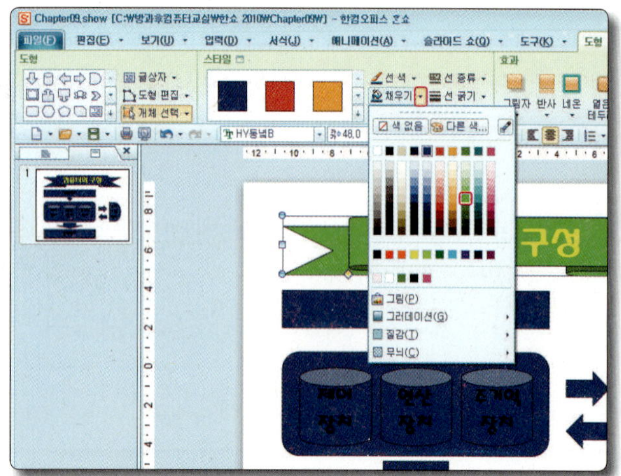

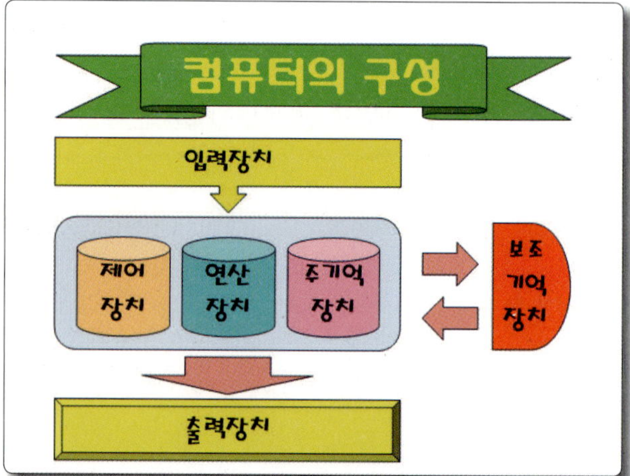

9. 제목 도형을 선택 후 [도형] 정황 탭-[효과] 그룹에서 [그림자]-[바깥쪽의 대각선 오른쪽 아래]를 클릭

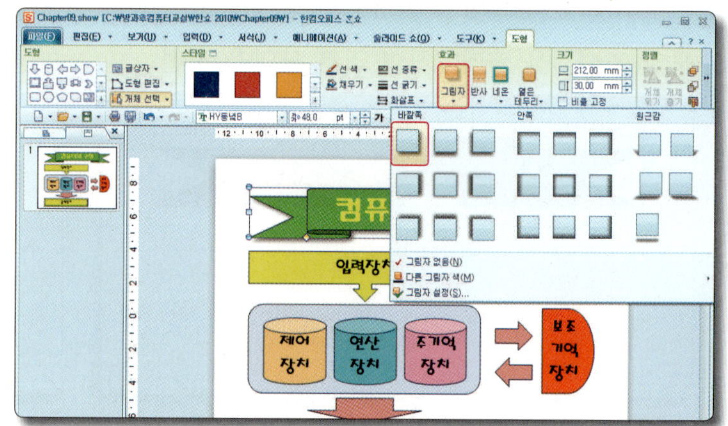

10. 다음과 같이 도형에 스타일 및 효과를 지정

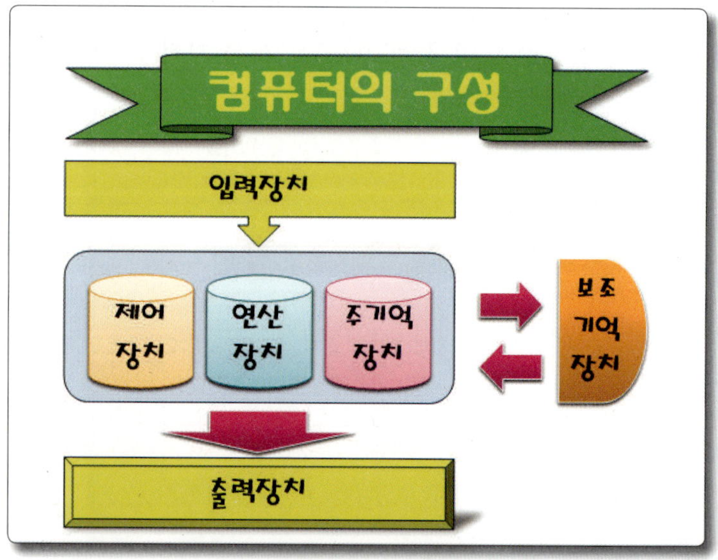

1 '문제01' 파일을 열고 도형을 삽입하여 다음과 같이 슬라이드를 완성해 보세요.

- 제목 도형 스타일 : 어두운 계열 – 강조 2
- 본문 도형 스타일 : 밝은 계열 – 강조 3, 밝은 계열 – 강조 4, 밝은 계열 – 강조 1

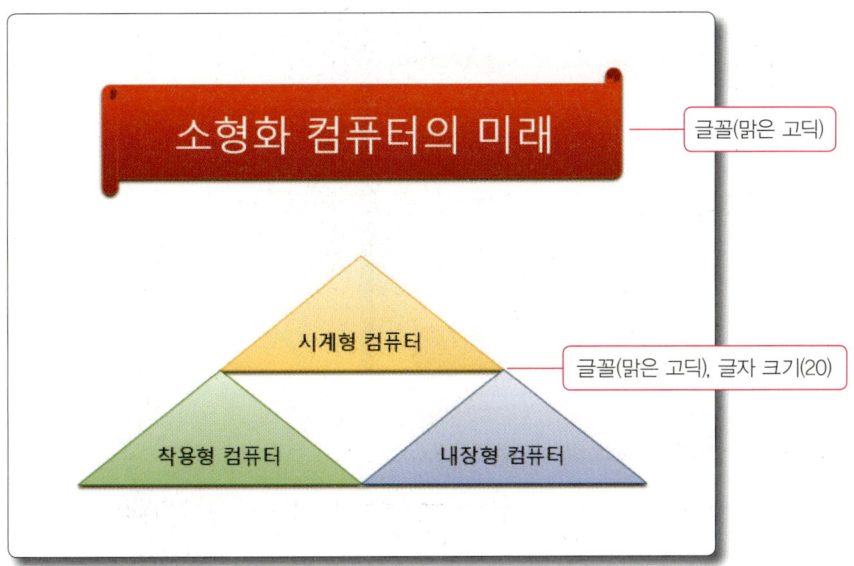

2 '문제02' 파일을 열고 도형을 삽입하여 다음과 같이 슬라이드를 완성해 보세요.

- 제목 도형 스타일 : 보통 효과 – 강조 5
- 본문 도형 스타일 : 보통 효과 – 강조 1, 강한 효과 – 강조 4, 강한 효과 – 강조 3, 강한 효과 – 강조 6

3 '문제03' 파일을 열고 도형을 삽입하여 다음과 같이 슬라이드를 완성해 보세요.

- 타원 및 수식 도형 : 글꼴(HY중고딕), 글자 크기(18), 스타일(밝은 계열 – 강조 5)
- 육각형 도형 : 글꼴(굴림), 글자 크기(20), 진하게(**가**), 스타일(강한 효과 – 강조 2)

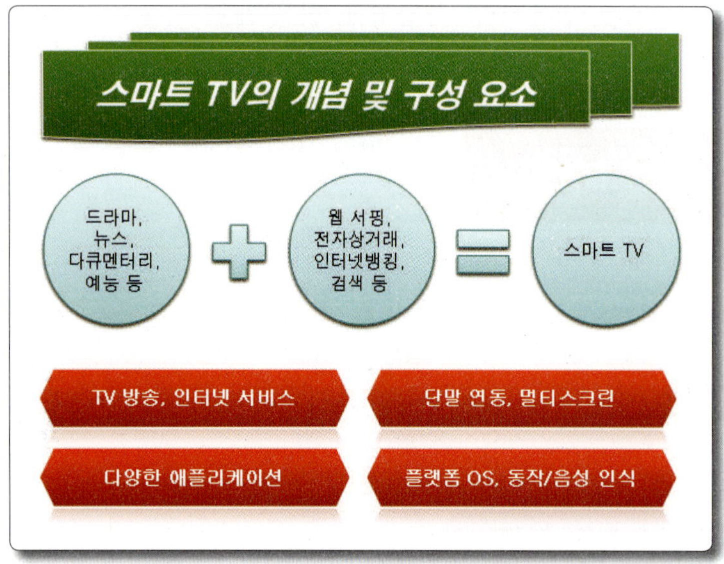

4 '문제04' 파일을 열고 도형을 삽입하여 다음과 같이 슬라이드를 완성해 보세요.

- 1,3,5 도형 : 글꼴(굴림), 글자 크기(20), 그림자(**가**), 스타일(강한 효과 – 강조 1)
- 2,4,6 도형 : 글꼴(굴림), 글자 크기(20), 그림자(**가**), 스타일(어두운 효과 – 강조 2)
- 그림: 학사모.jpg
- 웃는 얼굴 도형 : 스타일(밝은 계열 – 강조 6)

글꼴(HY견고딕), 글자 크기(42), 기울임(**가**)

글꼴(궁서), 글자 크기(36)

Chapter 10
이 세상에서 하나밖에 없는 주사위 만들기

✌ 도형을 회전하고 대칭시키는 방법에 대해 알아보겠습니다.
✌ 도형을 그룹화하고 정렬하는 방법에 대해 알아보겠습니다.

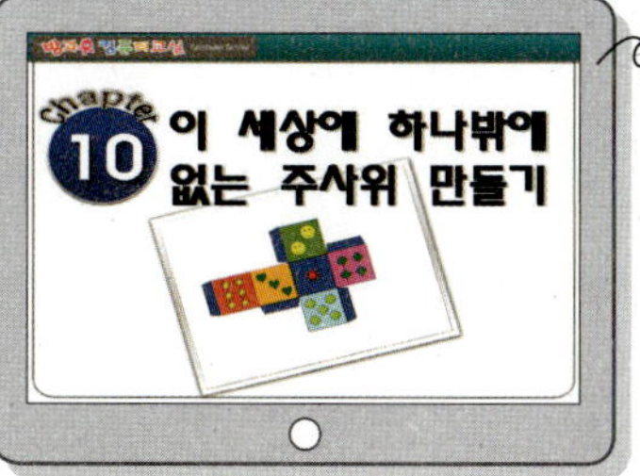

먼저 공부 할 내용
한쇼2010.show(Chapter10)

완성작품 미리보기

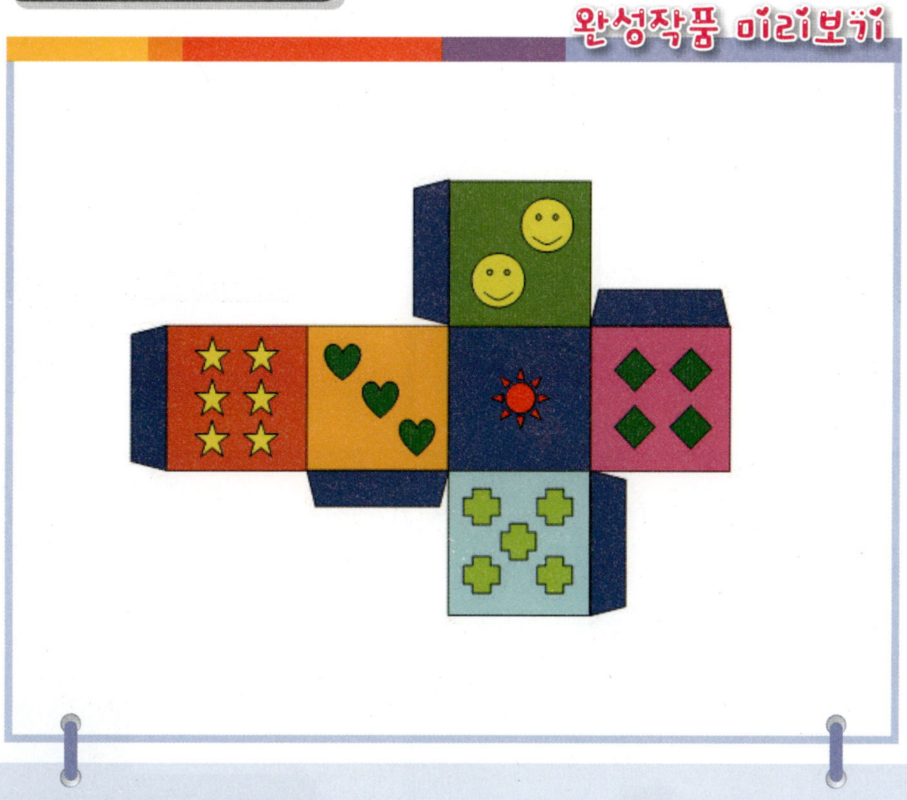

이번에 신기한 주사위를 발명하신 윈도우즈님과 대화를 해보겠습니다.
도형만으로 주사위를 만들었다는데 비결이 뭔가요?
주사위 놀이를 할 때 직접 만든 주사위를 가지고 놀면 더 재미있을 것 같아 만
들게 되었습니다. 이번 시간에는 도형을 이용하여 나만의 주사위를 만드는 방법
에 대해 알아볼까요?

도형을 내 맘대로 변경하기

1. 'Chapter10' 파일을 열고 [편집] 탭-[입력] 그룹에서 [직사각형(□)]을 클릭

2. 마우스 포인터 모양이 + 모양으로 변경되면 Shift 를 누른 상태에서 드래그하여 도형을 작성

Tip

- Ctrl : 시작점을 중심으로 도형을 작성
- Shift : 상/하/좌/우 같은 비율로 도형을 작성

3. 작성된 도형의 테두리를 Ctrl + Shift 를 누른 상태에서 드래그하여 도형을 복사

4. 같은 방법으로 나머지 도형을 복사

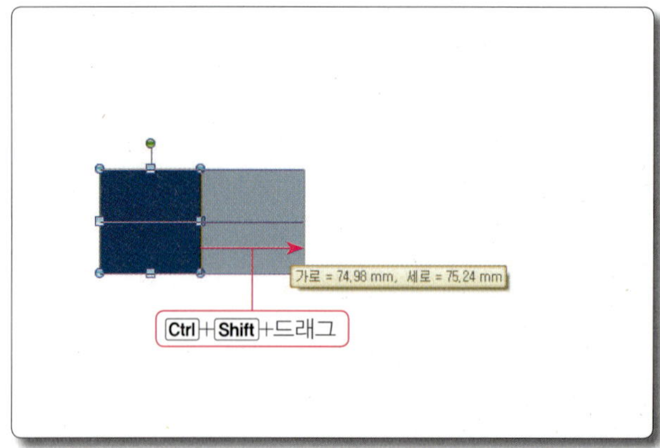

5. 사다리꼴(△) 도형을 작성 후 [도형] 정황 탭-[회전/대칭] 그룹에서 [상하 대칭(◭)]을 클릭

6. 같은 방법으로 나머지 도형을 복사 후 회전

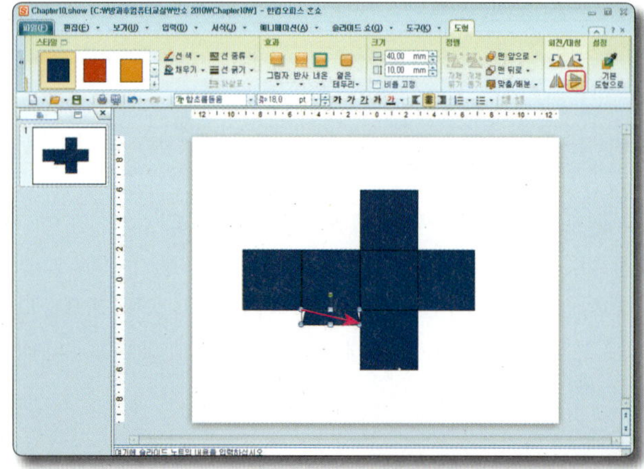

예쁘게 꾸미고 주사위 완성하기

7. 다음과 같이 작성된 도형에 임의의 색을
   지정

> **Tip**
> 사다리꼴 도형은 풀칠하여 붙이는 부분이므로
> 색을 지정하지 않아도 됩니다.

8. 다음과 같이 도형을 작성 후 임의의 색을
   지정

9. 전체를 드래그하여 도형을 모두 선택 후
   [도형] 정황 탭-[정렬] 그룹에서 [개체
   묶기]를 클릭

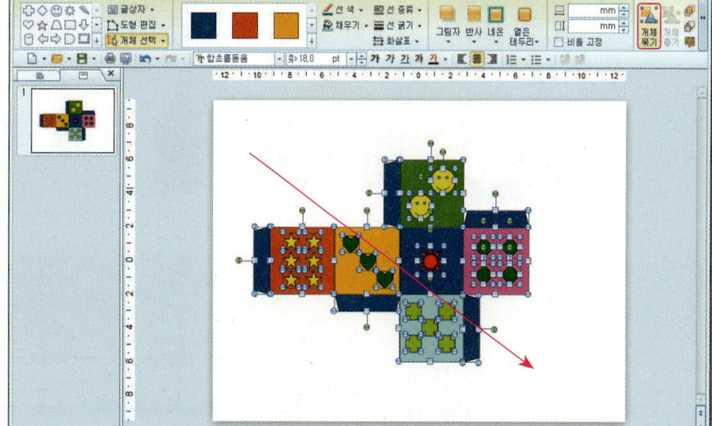

> **Tip**
> 도형을 그룹화(개체 묶기)를 하면 여러 개의 도
> 형을 하나로 묶어줍니다. 묶인 도형은 하나의
> 도형처럼 취급되므로, 도형의 이동과 크기 조절
> 을 자유롭게 할 수 있습니다.

1 '문제01' 파일을 열고 다음과 같이 도형을 삽입해 보세요.

- 타원 도형 : 글꼴(HY헤드라인M), 글자 크기(28), 그림자(가), 글자 색(노랑(RGB: 255,255,0))
- 다이아몬드 도형 : 글꼴(HY헤드라인M), 글자 크기(28)

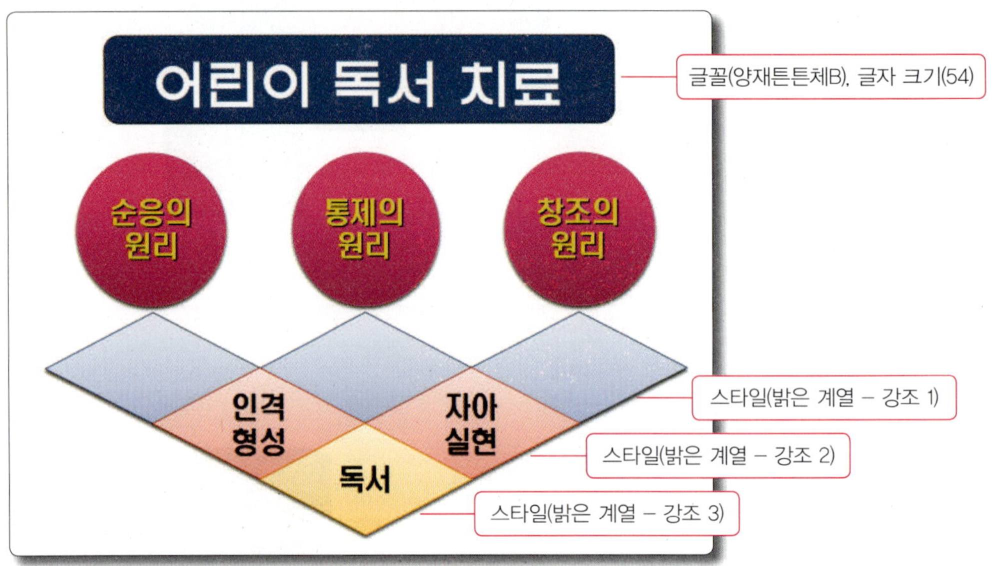

2 '문제02' 파일을 열고 다음과 같이 도형을 삽입해 보세요.

- 배경 속성 : 그러데이션(레몬)
- 모서리가 둥근 직사각형 도형 : 글꼴(휴먼모음T), 글자 크기(24), 스타일(보통 효과 – 강조 5)
- 클립아트 : 가마솥, 항아리, 절구, 맷돌

3 '문제03' 파일을 열고 다음과 같이 도형을 삽입해 보세요.

- 사다리꼴 도형 : 스타일(밝은 계열 – 강조 3), 십자형 도형 : 스타일(밝은 계열 – 강조 4)
- 그림 : 빅데이터.jpg

4 '문제04' 파일을 열고 다음과 같이 도형을 삽입해 보세요.

- 도형 : 글꼴(굴림), 글자 크기(18)
- 임의의 색 및 스타일 지정

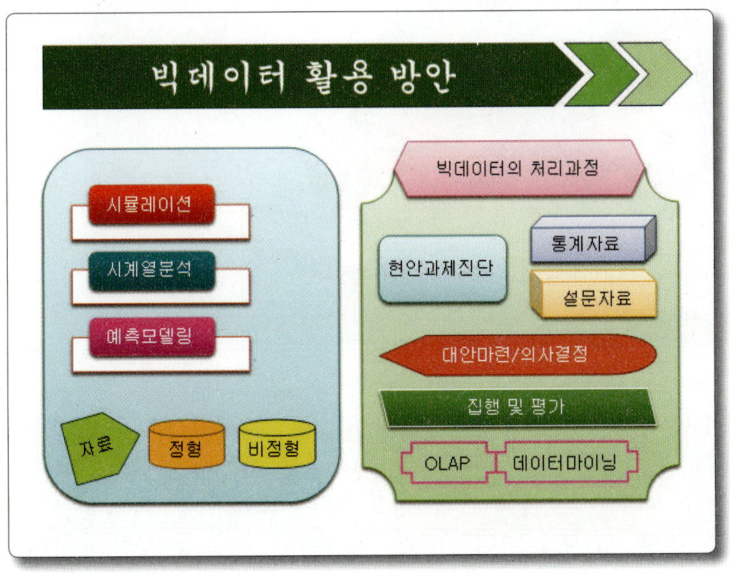

Chapter 11 멋진 제목의 진수

✌ 워드숍을 삽입하는 방법에 대해 알아보겠습니다.
✌ 삽입된 워드숍을 편집하는 방법에 대해 알아보겠습니다.

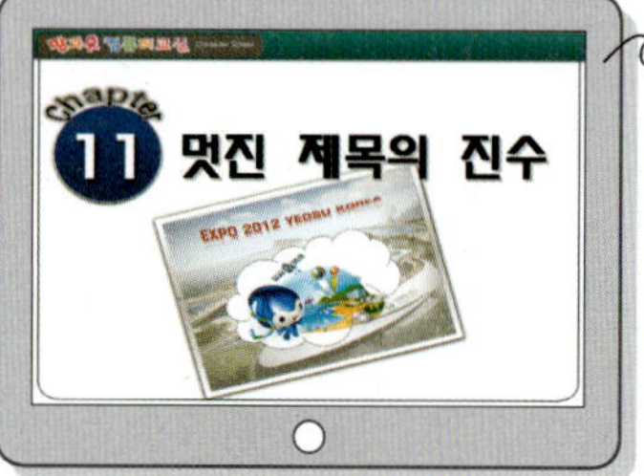

먼저 공부 할 내용
한쇼2010.show(Chapter11)

완성작품 미리보기

뉴스 제목만 봐도 사람들에게 어떤 느낌을 전해 줄 수 있다고 하는데요. 아주 간단한 방법으로 한눈에 쏙 들어오는 제목을 만들 수 있다고 해서 화제입니다. 멋진 제목은 글자 모양만 바꿔서는 만들기가 힘듭니다. 그렇지만 워드숍을 이용하면 쉽게 멋진 제목을 만들 수 있습니다. 이번 시간에는 워드숍을 이용하여 제목을 작성하고 편집하는 방법에 대해 알아볼까요?

 Chapter11.show

워드숍 삽입하기

1. 'Chapter11' 파일을 열고 [입력] 탭–[개체] 그룹에서 [워드숍]–[스타일 13(**가**)]을 클릭

2. [워드숍 만들기] 대화상자가 나타나면 내용(EXPO 2012 YEOSU KOREA)을 입력 후 글꼴(HY헤드라인M)과 크기(60)를 선택한 다음 [설정]을 클릭

Tip

워드숍은 일반 글자처럼 색깔이나 굵기 등의 속성을 변경할 수 있을 뿐만 아니라, 템플릿으로 화려한 모양의 글자를 쉽게 삽입할 수 있고 채우기나 모양 변경 등 다양한 효과를 적용할 수도 있습니다.

3. 워드숍이 삽입되면 드래그하여 위치를 이동

워드숍 편집하기

4. 반사를 지정하기 위해 [워드숍] 정황 탭-[효과] 그룹에서 [반사]-[1/2 크기, 근접]을 클릭

5. 워드숍 모양을 변경하기 위해 [워드숍] 정황 탭-[속성] 그룹에서 [자세히(↓)]를 클릭 후 [휘어 내려가기(◠)]를 클릭

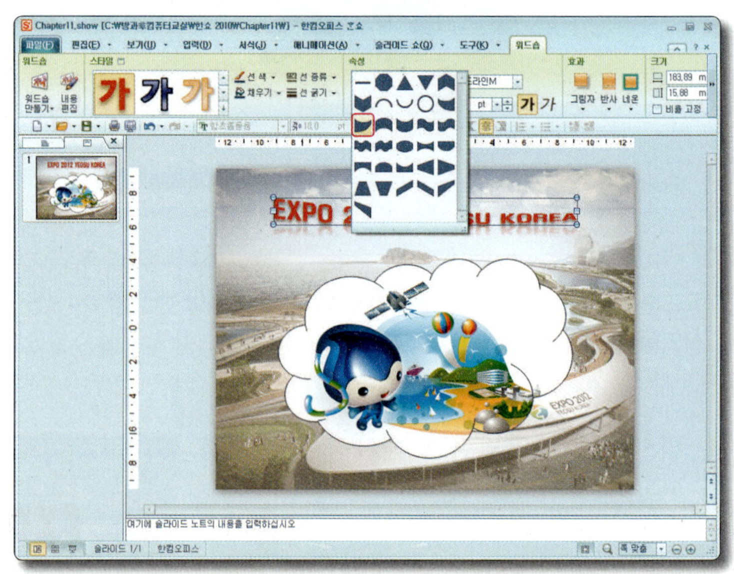

워드숍 모양 실시간 미리 보기

워드숍 모양 이미지 꾸러미에서 각 항목에 마우스를 갖다 대면 실시간 미리 보기가 실행되어, 워드숍 모양이 적용된 모양이 어떤 느낌인지 미리 확인할 수 있습니다. 실시간 미리 보기 켜기/끄기는 [도구] 탭-[설정] 그룹에서 [환경 설정]을 클릭 후 [환경 설정] 대화상자가 나타나면 [기타] 탭에서 [실시간 미리 보기 사용]을 선택 및 선택해제 합니다.

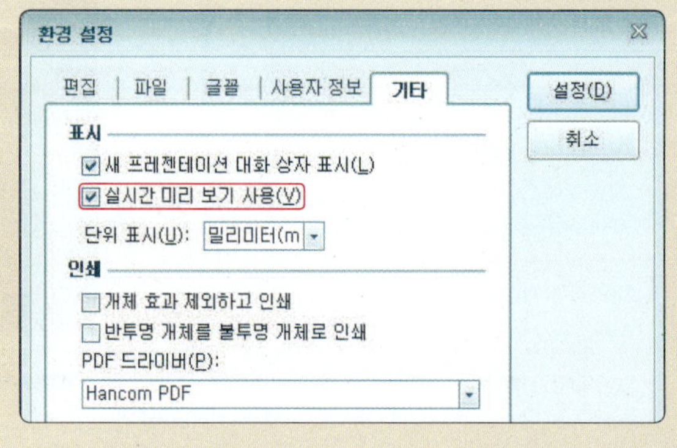

1 '문제01' 파일을 열고 다음과 같이 워드숍을 삽입하여 슬라이드를 완성해 보세요.

- 테마 : 은하수
- 워드숍 : 스타일 20, 글꼴(궁서), 워드숍 모양(물결 1(🏴))
- 그림 : 회의.jpg, 스타일(육각형 입체 그림자)

2 '문제02' 파일을 열고 다음과 같이 워드숍을 삽입하여 슬라이드를 완성해 보세요.

- 테마 : 봄
- 워드숍 : 스타일 2, 글꼴(HY견고딕), 워드숍 모양(원통 아래(🌙))
- 그림 : 무역.jpg, 스타일(원형 반사)

③ '문제03' 파일을 열고 다음과 같이 워드숍을 삽입하여 슬라이드를 완성해 보세요.

- 워드숍 : 스타일 23, 글꼴(함초롱돋움), 워드숍 모양(위쪽 수축(⌣))
- 그림 : 광고.jpg, 스타일(원형 반사)
- 도형 모양 및 스타일은 결과화면 참조

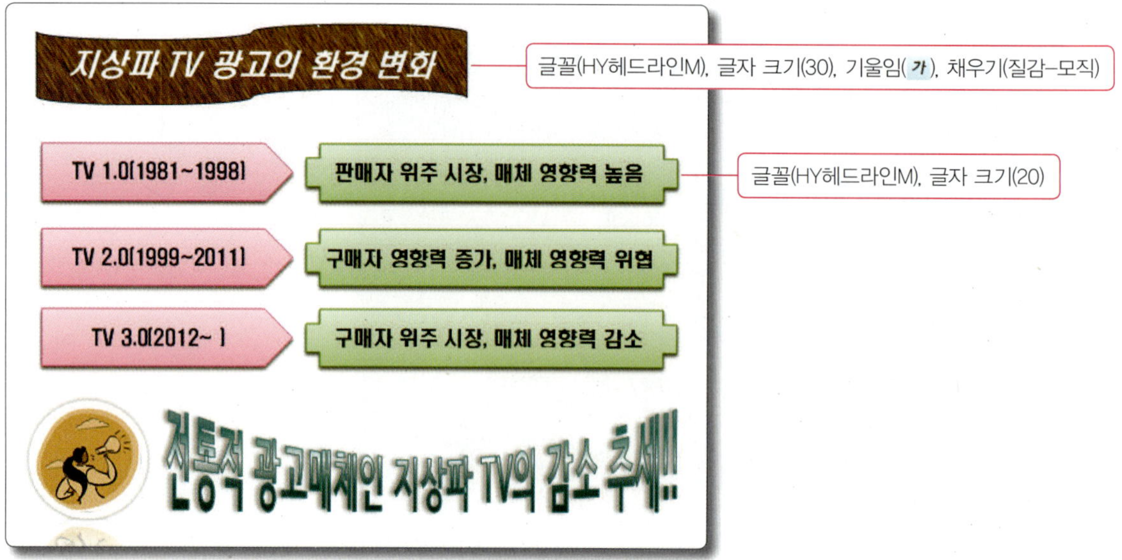

④ '문제04' 파일을 열고 다음과 같이 워드숍을 삽입하여 슬라이드를 완성해 보세요.

- 워드숍 : 스타일 2, 글꼴(한컴 윤체 M), 워드숍 모양(일자형(━))
- 도형 모양 및 스타일은 결과화면 참조

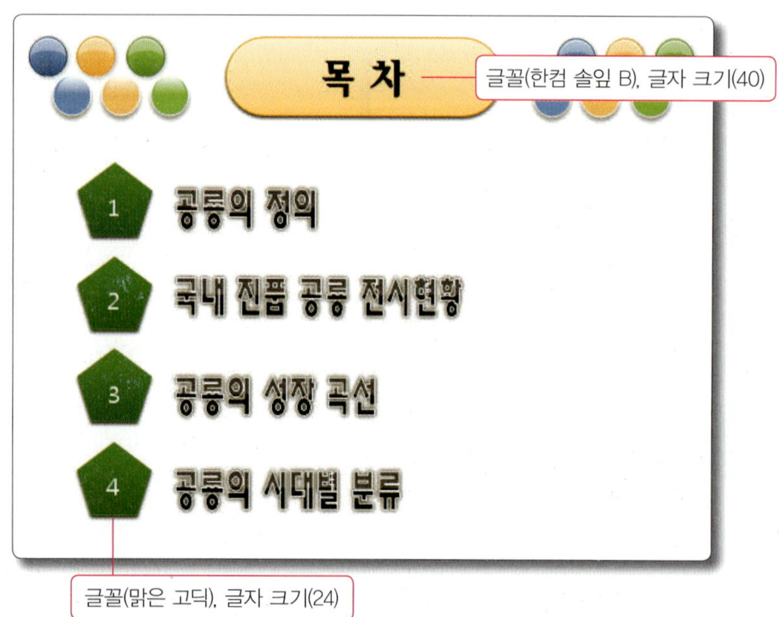

Chapter 12
훌륭한 아나운서되기 프로젝트

✌ 슬라이드에 표를 삽입하는 방법에 대해 알아보겠습니다.
✌ 표의 셀 높이와 너비를 변경하는 방법에 대해 알아보겠습니다.
✌ 표의 글자를 정렬하는 방법에 대해 알아보겠습니다.

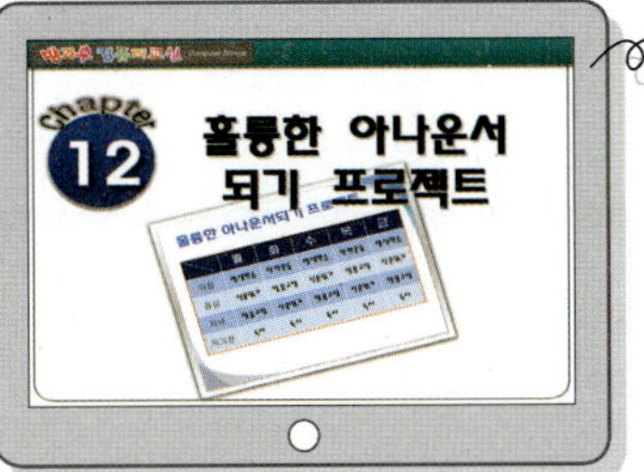

먼저 공부 할 내용
한쇼2010.show(Chapter12)

완성작품 미리보기

훌륭한 아나운서되기 프로젝트

	월	화	수	목	금
아침	발성연습	안면운동	발성연습	안면운동	발성연습
점심	신문읽기	발음교정	신문읽기	발음교정	신문읽기
저녁	발음교정	신문읽기	발음교정	신문읽기	발음교정
자기전	독서	독서	독서	독서	독서

노력하면 안 되는 일이 없지만 특히 훌륭한 아나운서가 되기 위해서는 더 노력해야 하기 때문에 계획표를 작성해 꾸준히 실천하는 것이 좋습니다.
표를 이용하여 요일별 계획표를 작성하고 작성된 계획표대로 생활하면 좋겠죠?
이번 시간에는 표를 이용하여 계획표를 작성하는 방법에 대해 알아볼까요?

표 삽입하기

1. 'Chapter12' 파일을 열고 내용 텍스트 상자의 [내용(📄)]–[표]를 클릭

2. [표 만들기] 대화상자가 나타나면 줄 수(5)와 칸 수(6)를 입력 후 [만들기] 클릭

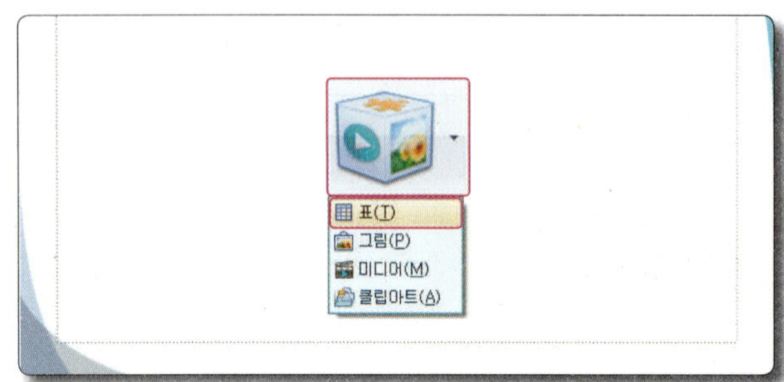

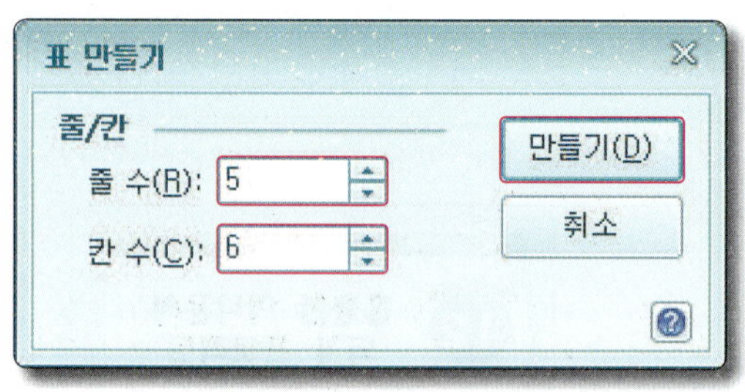

3. 표에 내용을 입력 후 글꼴 서식을 지정

	월	화	수	목	금
아침	발성연습	안면운동	발성연습	안면운동	발성연습
점심	신문읽기	발음교정	신문읽기	발음교정	신문읽기
저녁	발음교정	신문읽기	발음교정	신문읽기	발음교정
자기전	독서	독서	독서	독서	독서

4. 표의 크기 조절점을 드래그하여 크기를 조절

5. 특정 셀의 테두리선을 드래그하여 크기를 조절

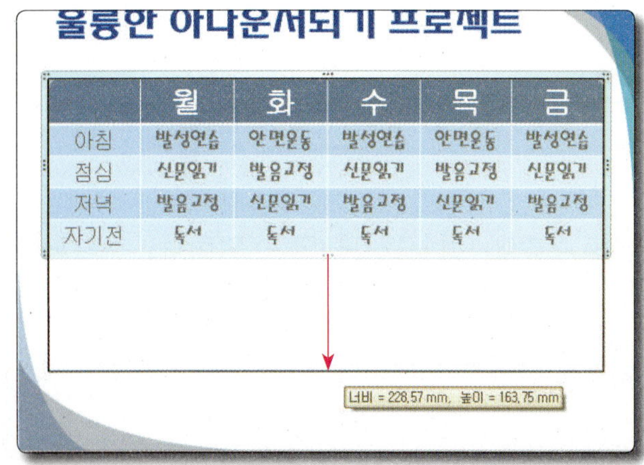

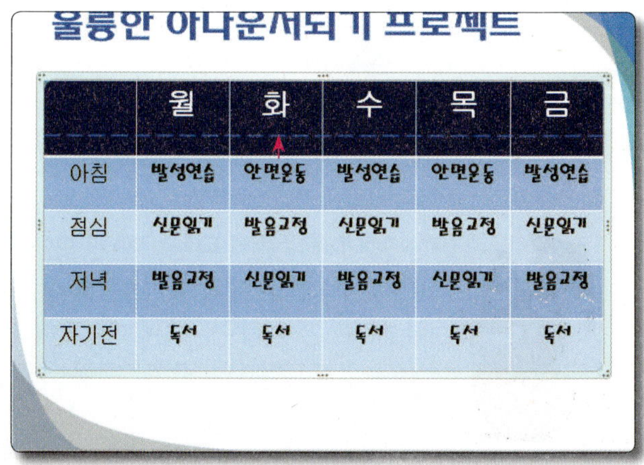

표를 자유자재로

6. [표] 정황 탭-[셀 속성] 그룹에서 [테두리 색]의 목록(▾) 단추를 클릭 후 [본문/배경 – 밝은 색 1]을 클릭

7. [표] 정황 탭-[표] 그룹에서 [표 그리기(✎)]를 클릭후 드래그하여 대각선 작성

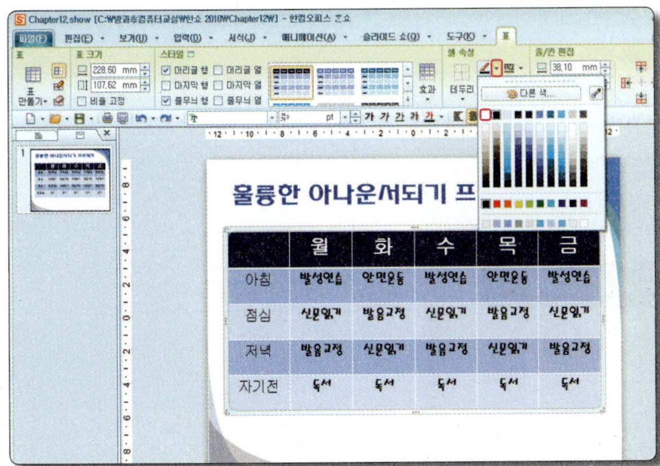
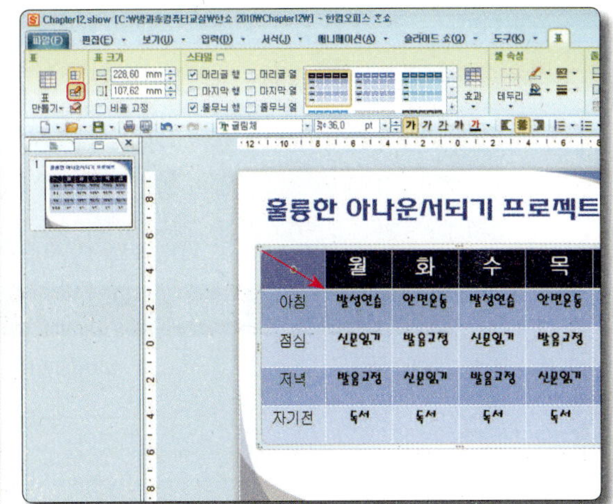

8. 표 전체를 드래그하여 셀 블록 설정

9. [표] 정황 탭-[셀 속성] 그룹에서 테두리 종류(점선)를 선택 후 테두리 굵기(3 pt), 테두리 색(주황(RGB: 255,102,0)), 테두리(바깥쪽 테두리)를 선택

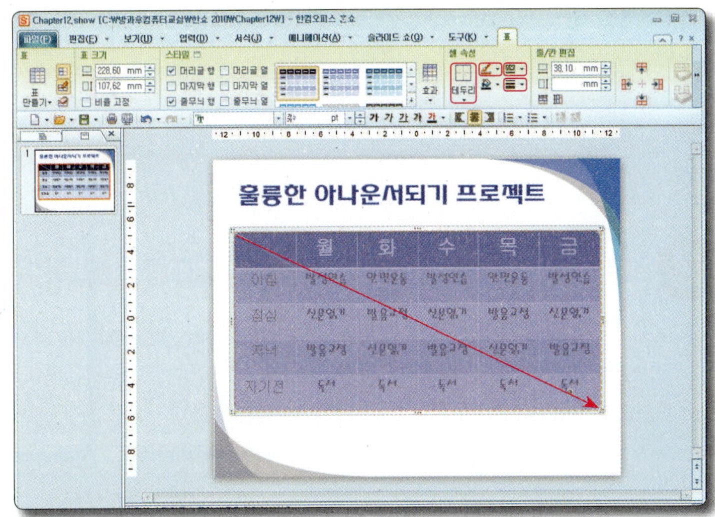

10. [서식] 탭을 클릭 후 [문단] 그룹에서 [가운데 맞춤(▤)]을 클릭

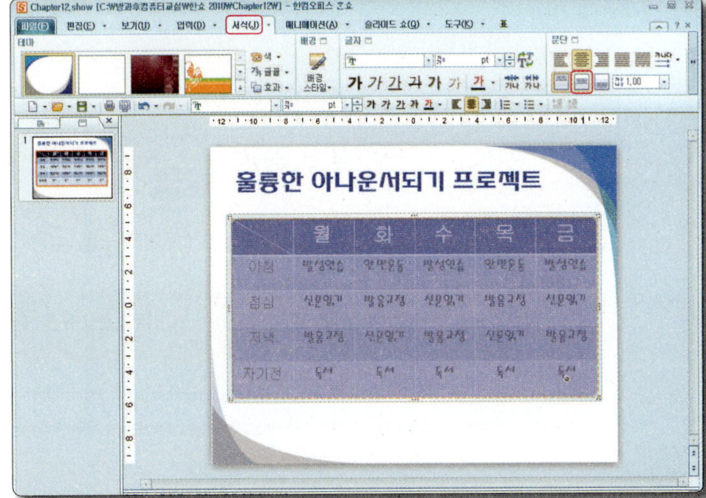

> **Tip**
> • 가운데 정렬(▤) : 글자를 가로 가운데로 정렬
> • 가운데 맞춤(▤) : 글자를 세로 가운데로 정렬

1 '문제01' 파일을 열고 다음과 같이 표를 삽입하여 슬라이드를 완성해 보세요.

- 테마 : 추억
- 표 삽입 : 7줄 4칸

에너지 소비량의 천연가스 비중

	2016년	2017년	2018년
주택난방용	7,532	7,245	6,442
일반용	1,099	968	854
냉방용	242	203	206
산업용	3,539	3,324	3,452
열병화	272	243	275
발전용	8,818	6,468	6,547

글꼴(휴먼모음T), 글자 크기(22)

2 '문제02' 파일을 열고 다음과 같이 표를 삽입하여 슬라이드를 완성해 보세요.

- 워드숍 : 스타일 2, 글꼴(HY바다M), 워드숍 모양(휘어 내려가기(▶))
- 배경 속성 : 그러데이션(솜사탕 2)
- 표 : 스타일(보통 스타일 1 – 강조 3)

이름	좋은 점	나쁜 점
강서연	친구를 잘 돕는다.	친구를 꼬집는다.
이시온	질서를 잘 지킨다.	어리광을 부린다.
안건모	청소를 잘한다.	목소리가 크다.

글꼴(굴림), 글자 크기(22)

3 '문제03' 파일을 열고 다음과 같이 표를 삽입하여 슬라이드를 완성해 보세요.

- 테마 : 입체
- 표 : 스타일(보통 스타일 1 – 강조 3)

명절이나 절기에 먹는 음식

명절/절기	음식	특징
설날	떡국	건강하게 오래 살라는 의미로 가래떡을 만들어 떡국을 끓여 먹었음.
정월대보름	오곡밥	찹쌀, 차조, 붉은 팥, 수수, 검은콩 등으로 밥을 지어 먹었음.
봄철	진달래꽃전	봄철에 진달래꽃을 깨끗이 손질하여 화전을 만들어 먹었음.
단오	수리취떡	수레바퀴 모양의 둥근 떡을 만들어 먹었음.
여름철	삼계탕	땀을 많이 흘리는 여름철에 몸의 기운을 복돋우기 위해 먹었음.
중양절	국화전	남자들은 시를 짓고 각 가정에서는 국화전을 만들어 먹고 놀았음.
추석	송편	햅쌀과 햇곡식으로 송편을 빚어 조상께 한 해의 수확을 감사함.
동지	팥죽	일 년 중 밤이 가장 길다는 동지에 붉은 색 팥죽을 먹었음.

글꼴(돋움), 글자 크기(14)

4 '문제04' 파일을 열고 다음과 같이 표를 삽입하여 슬라이드를 완성해 보세요.

- 디자인 : 친구
- 표 : 스타일(머리글 행, 머리글 열, 줄무늬 열 선택)

우리는 단짝

대상 1	대상 2	상황
할머니	바늘	할머니께서 바늘로 옷을 꿰매고 계십니다.
컴퓨터	안경	아빠께서 컴퓨터로 일을 하시다가 피곤하신지 안경을 벗고 기지개를 하셨습니다.
꽃	사진	꽃을 들고 사진을 찍었습니다.
책	과일	과일을 먹으며 책을 읽었습니다.
눈	공원	눈이 내리는 공원에서 신나게 놀았습니다.
인형	동생	어머니께서 동생에게 인형을 선물로 주셨습니다.

글꼴(돋움), 글자 크기(18)

Chapter 13 도자기 한마당 진행하기

- 선을 추가하고 셀을 합치는 방법에 대해 알아보겠습니다.
- 행/열 삽입 및 색 채우기에 대해 알아보겠습니다.

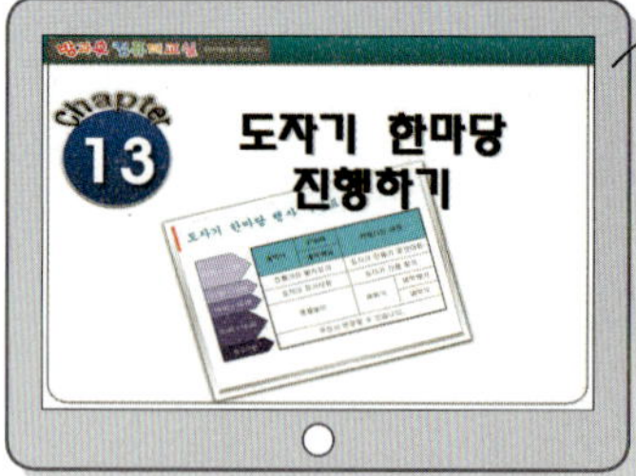

도자기 한마당 행사 시간표

시간	개막식	길놀이 / 개막행사	전통다도 시연	
10:00 ~ 11:00	개막식	길놀이 개막행사	전통다도 시연	
11:00 ~ 12:00	전통가마 불지피기		도자기 만들기 경연대회	
14:00 ~ 15:00	도자기 장기자랑		도자기 진품 찾기	
15:00 ~ 16:00	풍물놀이		폐회식	폐막행사
				폐막식
참고사항	우천시 변경될 수 있습니다.			

대한민국의 도자기는 전 세계적으로 유명한데요. 토리 아나운서가 도자기 한마당 행사가 진행되는 경기 이천에 나가 있습니다. 토리 아나운서입니다. 이번 행사는 표와 같이 다양하게 진행되고 있으니 많이 참석해 주시기 바랍니다. 이번 시간에는 표와 도형을 이용하여 예쁘게 꾸미는 방법에 대해 알아볼까요?

셀 합치기

1. 'Chapter13' 파일을 열고 내용 텍스트 상자의 [내용()]-[표]를 클릭

2. [표 만들기] 대화상자가 나타나면 줄 수(6)와 칸 수(4)를 입력 후 [만들기] 클릭

3. 표가 삽입되면 내용을 입력

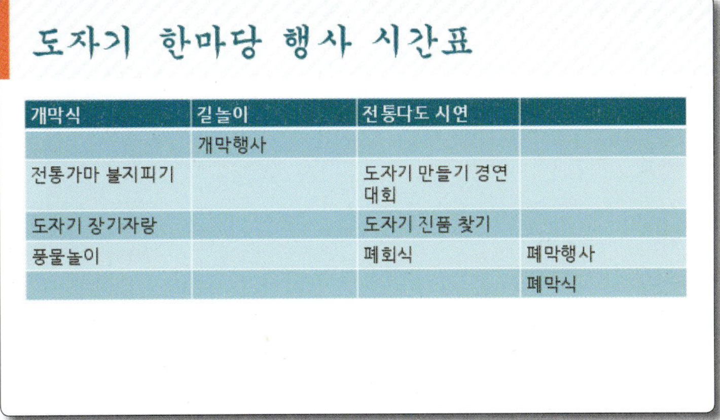

4. 1줄1칸~2줄1칸을 드래그하여 셀 블록으로 지정 후 [표] 탭-[셀 편집] 그룹에서 [셀 합치기()]를 클릭

5. 같은 방법으로 셀 합치기를 합니다.

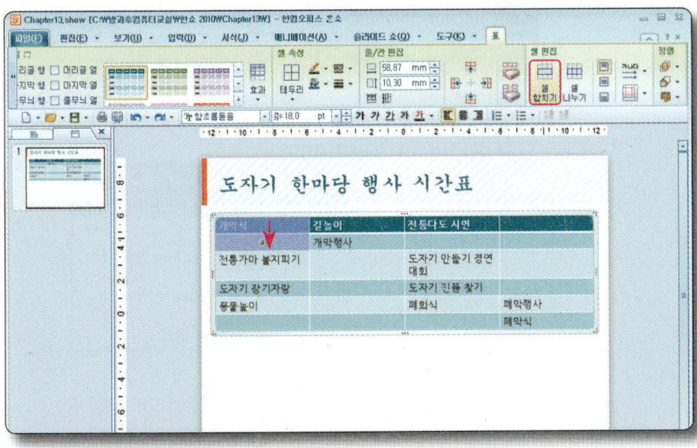

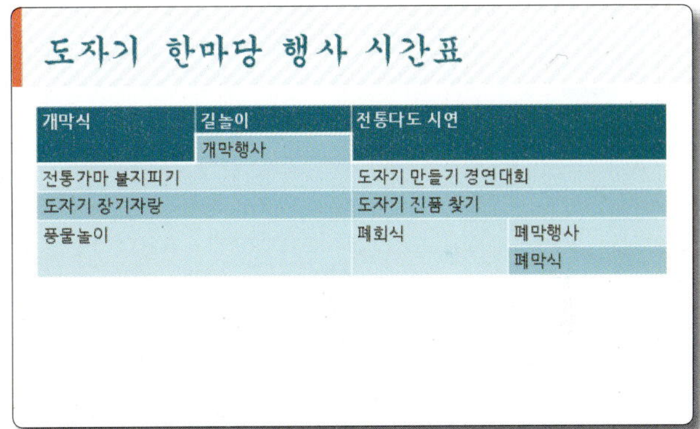

행/열 삽입 및 색 채우기

6. 맨 아래 셀을 클릭 후 [표] 정황 탭-[줄/칸 편집] 그룹에서 [아래에 행 추가하기()]를 클릭

7. 셀이 추가되면 셀 병합 후 내용을 입력

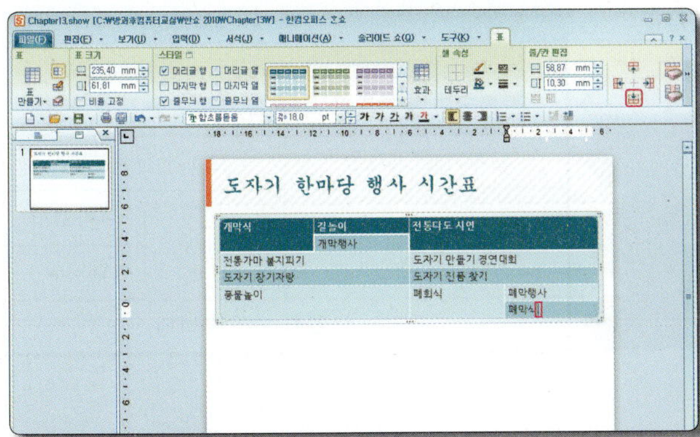

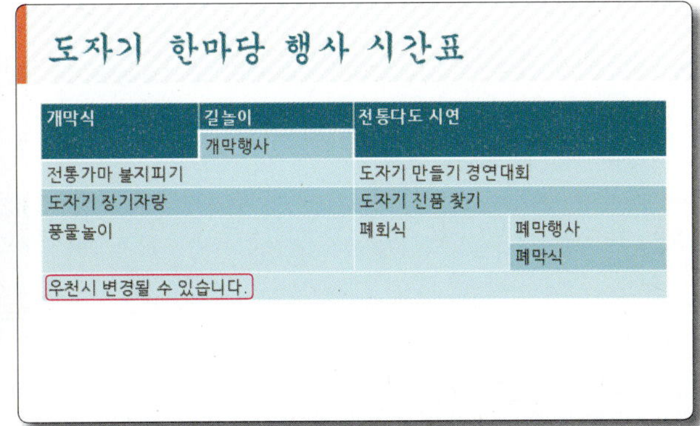

8. [표] 정황 탭-[스타일] 그룹에서 [머리글
   행]과 [줄무늬 행]을 선택 해제

9. 표 스타일의 [자세히(↓)]를 클릭 후 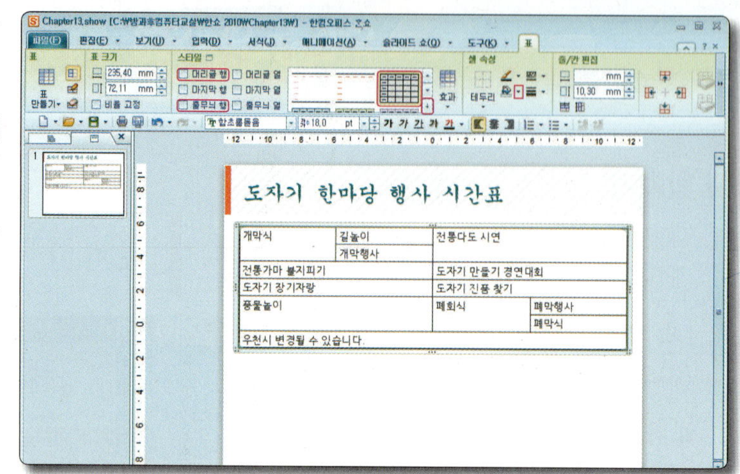
   [보통 스타일 4 – 본문/배경 4]를 클릭

10. [셀 속성] 그룹에서 배경 목록(▾) 단추
    를 클릭 후 [색 없음]을 클릭

11. 표 크기를 조절 후 머리글 행을 드래그하여 블록 설정한 다음 [표] 정황 탭-[셀 속성] 그룹에서 배경 목록(▾)
    단추를 클릭하고 [강조 1(RGB: 38,139,163) 40% 밝게]를 클릭 후 [서식] 도구 모음에서 **가**[굵게]를 선택

12. Esc를 눌러 표 전체를 선택 후 [서식] 탭-[문단] 그룹에서 [가운데 정렬(▤)]과 [가운데 맞춤(▤)]을
    클릭한 다음 글꼴(굴림)과 글자 크기(20)를 선택

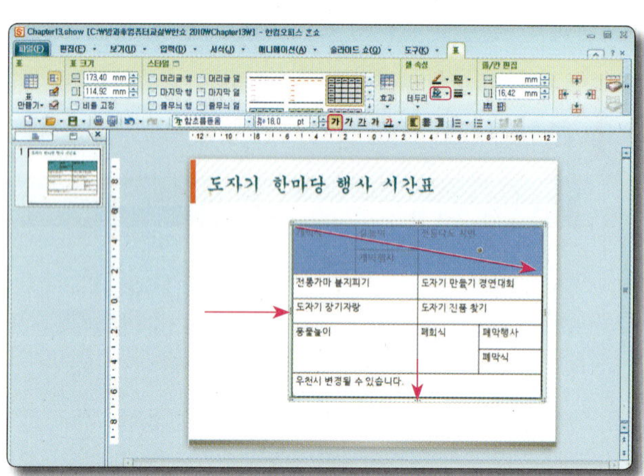

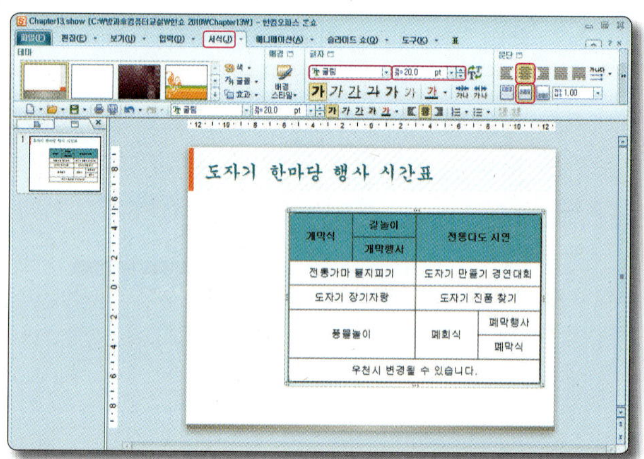

13. [오각형(▷)] 도형을 삽입 후 내용을 입
    력한 다음 임의의 색을 지정

	개막식	길놀이	전통다도 시연	
10:00 ~ 11:00	개막식	개막행사	전통다도 시연	
11:00 ~ 12:00	전통가마 불지피기		도자기 만들기 경연대회	
14:00 ~ 15:00	도자기 장기자랑		도자기 진품 찾기	
15:00 ~ 16:00	풍물놀이		폐회식	폐막행사
				폐막식
참고사항	우천시 변경될 수 있습니다.			

1 '문제01' 파일을 열고 다음과 같이 표를 삽입하여 슬라이드를 완성해 보세요.

- 테마 : 교차
- 표 : 셀 합치기(2줄1칸~5줄1칸, 6줄1칸~6줄2칸), 스타일(머리글 행, 마지막 행, 줄무늬 행 선택)

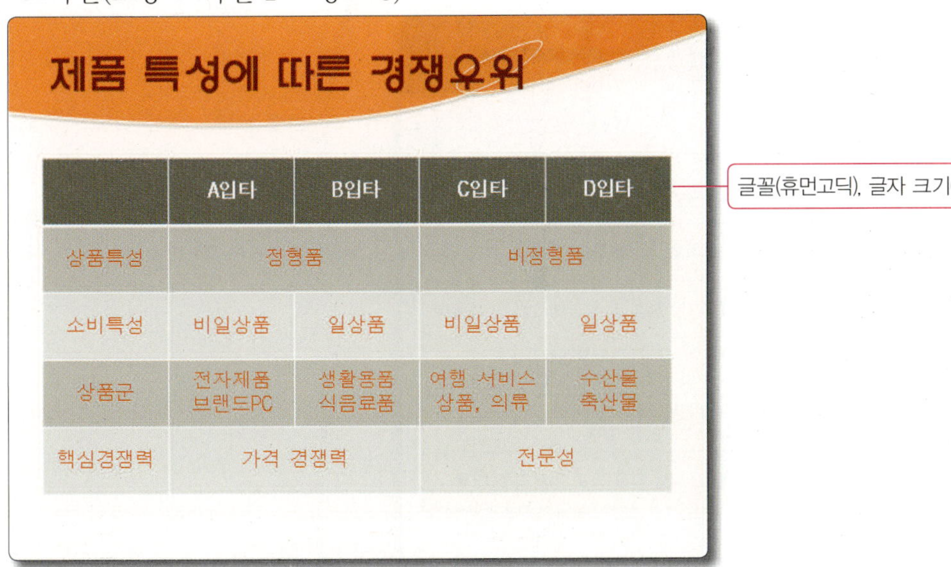

2 '문제02' 파일을 열고 다음과 같이 표를 삽입하여 슬라이드를 완성해 보세요.

- 테마 : 오렌지
- 표 : 셀 합치기(2줄2칸~2줄3칸, 2줄4칸~2줄5칸, 5줄2칸~5줄3칸, 5줄4칸~5줄5칸), 스타일(보통 스타일 1 – 강조 5)

3 '문제03' 파일을 열고 다음과 같이 표를 삽입하여 슬라이드를 완성해 보세요.

- 디자인 : 화물선
- 표 : 테두리(모든 테두리), 배경(색 없음), 셀 합치기(결과화면 참조)
- 도형 모양 및 스타일은 결과화면 참조

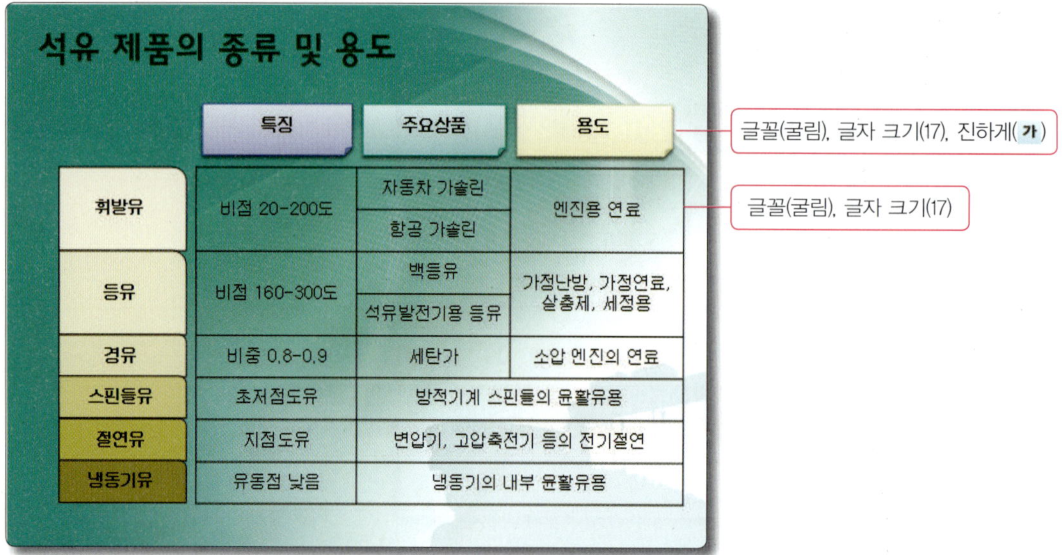

글꼴(굴림), 글자 크기(17), 진하게(**가**)

글꼴(굴림), 글자 크기(17)

4 '문제04' 파일을 열고 다음과 같이 표를 삽입하여 슬라이드를 완성해 보세요.

- 테마 : 물방울
- 표 : 테두리(모든 테두리), 배경(노랑(RGB: 255,255,0))
- 도형 모양 및 스타일은 결과화면 참조

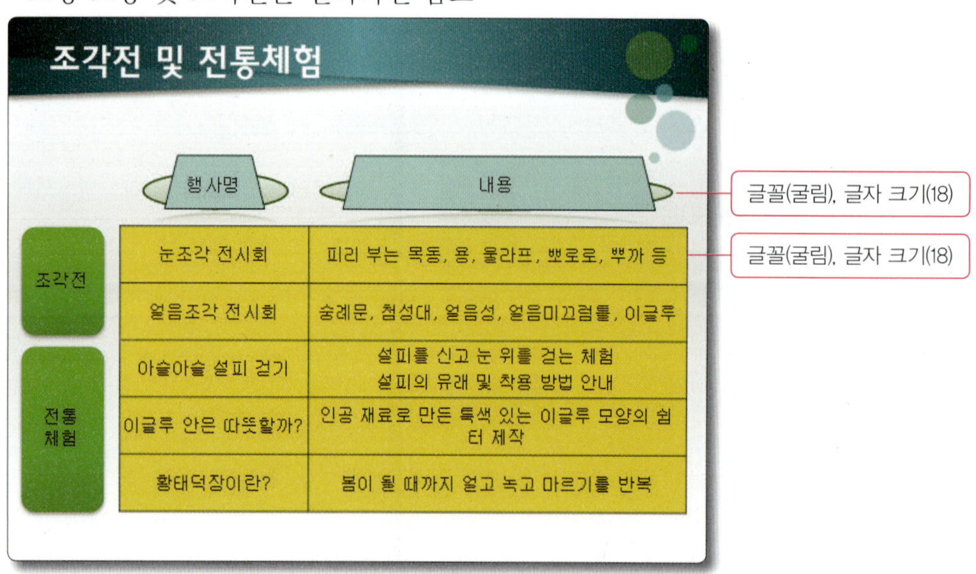

글꼴(굴림), 글자 크기(18)

글꼴(굴림), 글자 크기(18)

Chapter 14 최고의 명견을 뽑는 자리

✌ 표 안에 그림을 삽입하는 방법에 대해 알아보겠습니다.
✌ 그러데이션으로 표를 꾸미는 방법에 대해 알아보겠습니다.

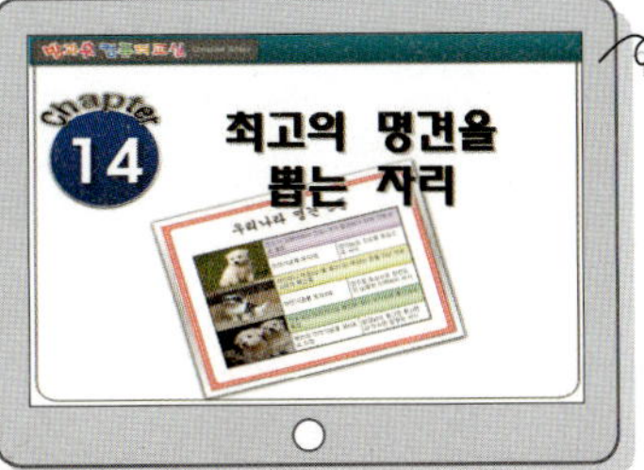

	진도가 고향이어서 진도+개가 합성어가 되어 진돗개로 불림	
	천연기념물 제53호	전라남도 진도를 중심으로 서식
	귀신이나 액운(살)을 쫓는(삽) 개라는 뜻을 지닌 한국 고유의 특산종	
	천연기념물 제368호	경주를 중심으로 한번도의 남동부 지역에서 서식
	진돗개와 마찬가지로 풍산에 많이 서식하며 풍산개로 불림	
	북한의 천연기념물 368호로 지정	함경남도 풍산군 풍산면과 안수면 일원에 서식

오늘은 명견대회가 한창 진행중인 대회장에 나왔습니다. 저도 강아지를 좋아하는데 오늘 참가한 강아지들은 뭔가 다른듯 하네요. 명견을 뽑는 자리인 만큼 우리나라 명견 3종에 대해 알아보도록 하겠습니다. 이번 시간에는 표와 그림을 이용하여 자료를 예쁘게 꾸미는 방법에 대해 알아볼까요?

표에 그림 삽입하기

1. '**Chapter14**' 파일을 열고 1줄 1칸을 선택 후 바로가기 메뉴의 [개체 속성]을 클릭

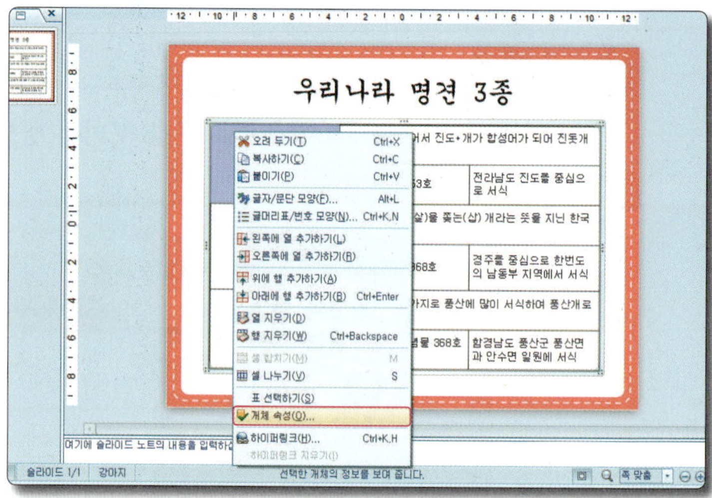

2. [개체 속성] 대화상자가 나타나면 [채우기] 탭에서 [질감/그림]을 클릭 후 [그림]을 클릭

3. [그림 넣기] 대화상자가 나타나면 찾는 위치(C:₩방과후컴퓨터교실₩한쇼 2010₩Chapter14)를 선택 후 진돗개를 클릭한 다음 [넣기]를 클릭

4. [개체 속성] 대화상자가 다시 나타나면 [설정]을 클릭

- **바둑판식** : 그림 파일의 원래 크기대로 개체를 채웁니다. 개체 크기가 그림 크기보다 작으면 그림의 일부분만 나타나고, 개체 크기가 그림 크기보다 크면 바둑판식으로 채웁니다.

- **늘이기** : 그림 파일의 원래 크기를 무시하고 개체의 크기에 맞춰 그림이 가득 차도록 그림을 확대하거나 축소합니다.

5. 같은 방법으로 '삽살개'와 '풍산개'를 삽입

그러데이션으로 표 꾸미기

6. 1줄 2칸을 선택 후 바로가기 메뉴의 [개체 속성]을 클릭

7. [개체 속성] 대화상자가 나타나면 [채우기] 탭에서 [그러데이션]을 클릭 후 [유형]–[보라]를 클릭한 다음 [설정]을 클릭

8. 같은 방법으로 나머지 셀에 그러데이션을 지정

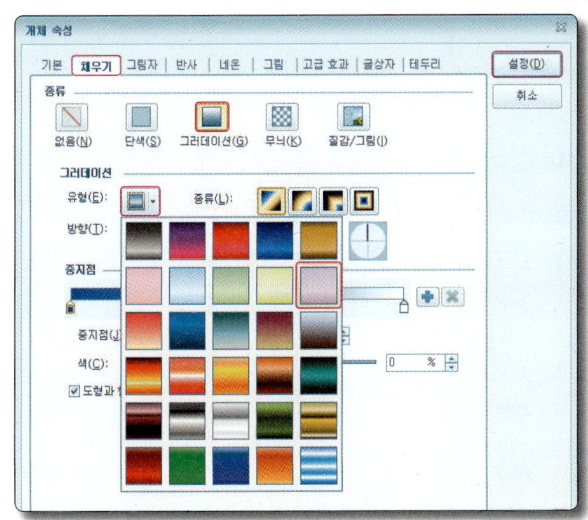

- **유형** : 30종의 다양한 그러데이션 유형 중에서 원하는 유형을 선택합니다. 각 유형별로 그러데이션 중심점의 위치와 개수, 색 투명도 등이 미리 지정되어 있습니다.
- **종류 및 방향** : 색상이 퍼져나가는 모양을 고려하여 [선형], [방사형], [사각형], [경로형] 중에서 그러데이션 종류를 선택할 수 있습니다.
- **기울임** : 그러데이션 [종류]를 '선형'으로 선택한 경우에만 활성화됩니다. 선형 그러데이션의 각도를 조절할 수 있습니다.
- **중지점** : 중지점은 그러데이션 미리 보기 막대에서 속성을 지정하는 지점입니다. 그러데이션 중지점은 최소 2개이며, 최대 10개까지 지정할 수 있습니다. 각 중지점마다 고유 속성을 적용하면 한 쪽에서 다른 쪽으로 갈수록 색상이 점차 짙어지거나 옅어지면서 자연스럽게 색이 변화됩니다.

1 '문제01' 파일을 열고 다음과 같이 표와 그림을 삽입하여 슬라이드를 완성해 보세요.

- 테마 : 추억
- 표 : 스타일(머리글 행, 줄무늬 행 선택 해제), 테두리(모든 테두리), 배경(색 없음)
- 그림 : 동대문.jpg, 서대문.jpg, 남대문.jpg
- 도형 모양 및 스타일은 결과화면 참조

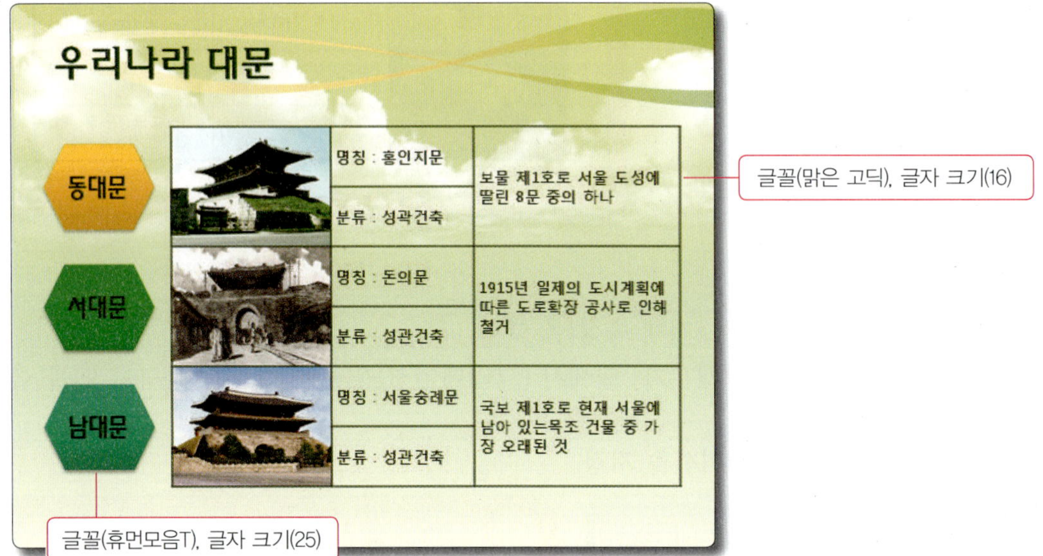

글꼴(맑은 고딕), 글자 크기(16)

글꼴(휴먼모음T), 글자 크기(25)

2 '문제02' 파일을 열고 다음과 같이 표와 그림을 삽입하여 슬라이드를 완성해 보세요.

- 디자인 : 운동회
- 모서리가 둥근 직사각형 도형 : 글꼴(HY헤드라인M), 글자 크기(20), 스타일(어두운 계열 – 강조 5)
- 그림 : 맑음.jpg, 구름 많음.jpg, 비.jpg
- 선 도형은 결과화면 참조

날짜	5월 9일	5월 10일	5월 11일
시각	오후 2시	오후 2시	오후 2시
기온	23도	21도	18도
날씨			
풍향			
풍속	5m/초	15m/초	6m/초

글꼴(굴림), 글자 크기(18)

3 '문제03' 파일을 열고 다음과 같이 표와 그림을 삽입하여 슬라이드를 완성해 보세요.

- 테마 : 상승
- 구름 도형 : 선 색(본문/배경 – 밝은 색 1, 하양(RGB: 255,255,255))
- 그림 : 뭉게구름.jpg, 소나기구름.jpg, 새털구름.jpg, 비구름.jpg

구분	뭉게구름	소나기구름	새털구름	비구름
모습				
구름의 양	작은 구름이 모여 있음	좁은 지역에 큰 구름이 모여 있음	아주 작은 구름이 모여 있음	구름의 양이 많음
모양	양떼 구름	큰 산봉 우리 모양	깃털이나 양털 모양	특별한 모양이 없음
색깔	흰색	회색이나 검은색	흰색	회색이나 검은색

글꼴(굴림), 글자 크기(16)

4 '문제04' 파일을 열고 다음과 같이 표를 삽입하여 슬라이드를 완성해 보세요.

- 테마 : 꽃잎

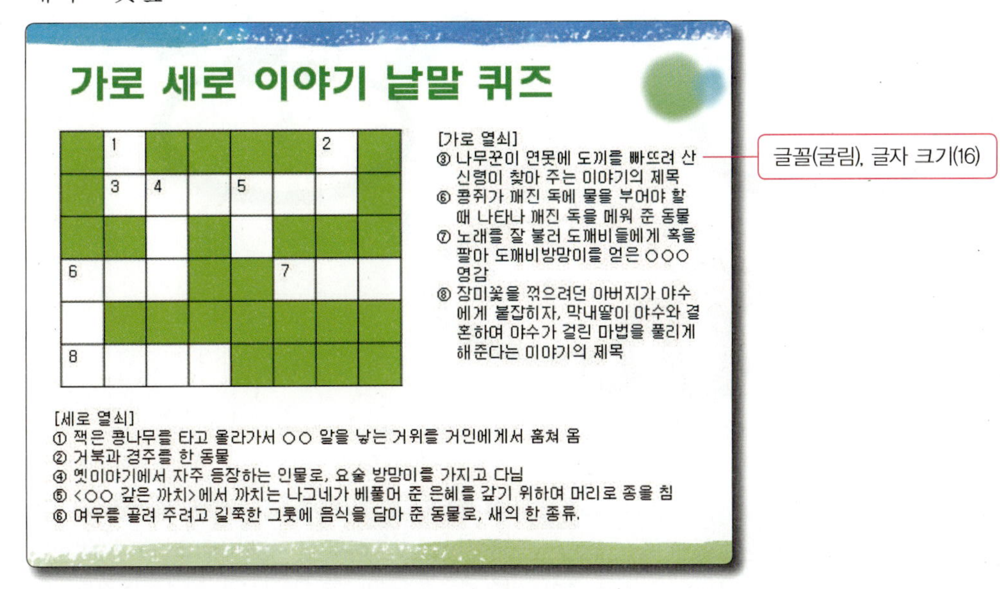

글꼴(굴림), 글자 크기(16)

Chapter 15 생태계 보호에 대한 리포트하기

디자인마당을 삽입하는 방법에 대해 알아보겠습니다.

디자인마당 스타일 및 색을 변경하는 방법에 대해 알아보겠습니다.

완성작품 미리보기

환경보호는 끝이 없는 것 같은데요. 이번에 생태계 보호에 대해 리포트한 자료를 정리해서 발표해야 합니다. 요즘은 미디어 시대여서 멋진 리포트 자료가 아니면 아무리 좋은 내용의 방송을 해도 별로 호응이 없으니 이번 시간에는 디자인마당이라는 기능을 이용해서 리포트 자료를 만들고 디자인을 적용하는 방법에 대해 알아볼까요?

디자인마당 삽입하기

1. 'Chapter15' 파일을 열고 [편집] 탭–[슬라이드] 그룹에서 [디자인마당]–[활용 디자인 5]를 클릭

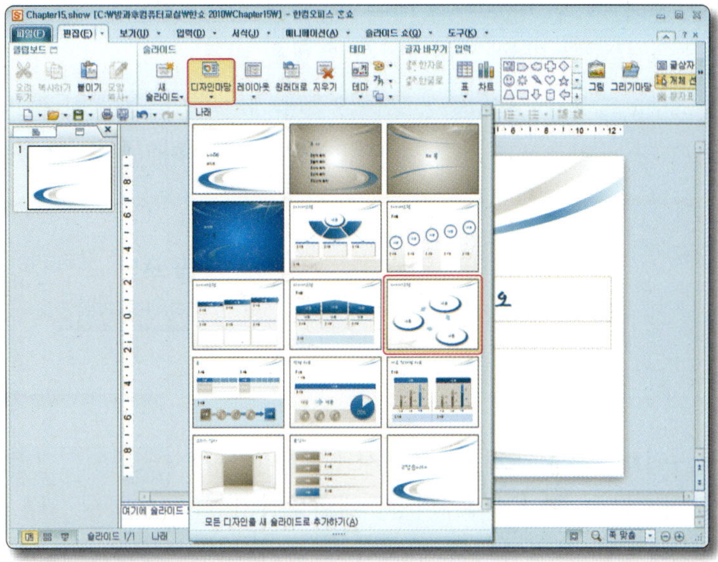

2. **Shift**를 누른 상태에서 각각의 도형을 선택 후 크기를 조절

3. 도형을 복사 후 다음과 같이 배치

4. 제목 및 도형에 텍스트를 입력 후 글꼴 서식 지정

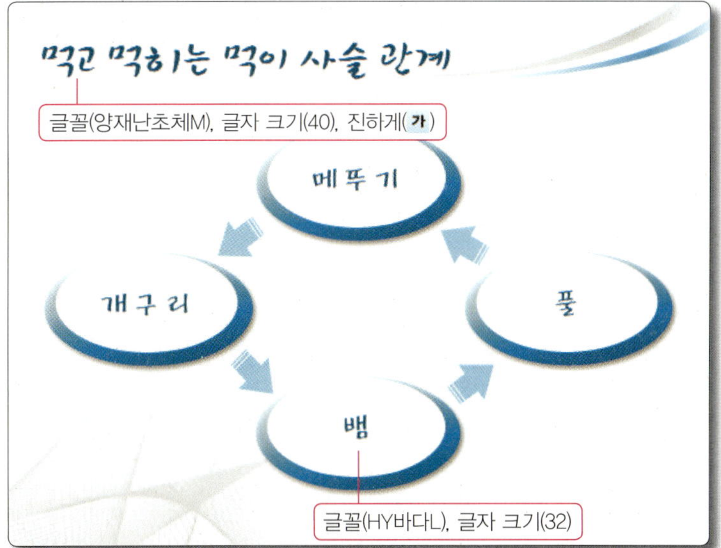

Tip

도형의 배치는 [도형] 정황 탭–[정렬] 그룹에서 [맞춤/배분]을 이용하면 쉽게 할 수 있습니다.

한 가지 더

디자인마당 구성

실무에서 가장 많이 활용되는 디자인 개체를 엄선하여 각 테마 색에 맞게 테마별로 15종의 디자인마당 슬라이드를 제공합니다.

프레젠테이션 문서를 만들 때 표지 디자인, 목차 디자인, 소제목 디자인, 간지 디자인 및 10종의 활용 디자인, 마침 디자인 페이지를 참고하여 내용을 간편하게 구성할 수 있도록 디자인마당 기능을 제공합니다.

디자인마당 디자인하기

5. Shift 를 누른 상태에서 각각의 도형을 선택 후 개체 풀기

6. Shift 를 누른 상태에서 각각의 배경 도형을 선택 후 바로가기 메뉴의 [개체 속성]을 클릭한 다음 그러데이션 유형을 변경

7. [입력] 탭-[개체] 그룹에서 [그리기마당]을 클릭 후 [그리기마당] 대화상자가 나타나면 클립아트를 검색하여 선택한 다음 [넣기]를 클릭

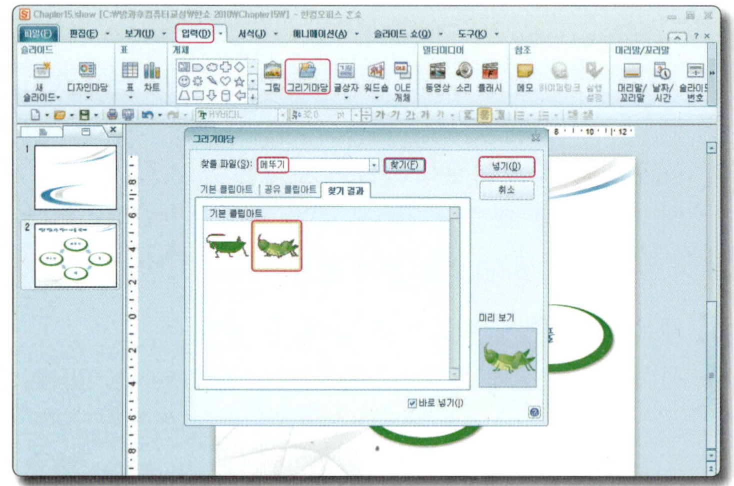

8. 같은 방법으로 클립아트를 작성

1 '문제01' 파일을 열고 다음과 같이 디자인마당을 이용하여 슬라이드를 완성해 보세요.

- 테마 : 은하수
- 디자인 마당 : 활용 디자인 2

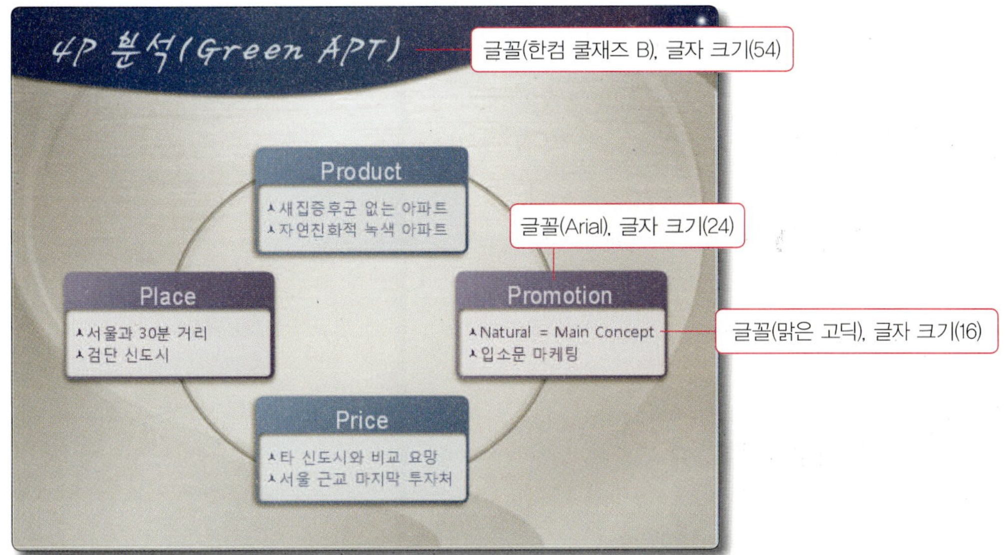

2 '문제02' 파일을 열고 다음과 같이 디자인마당을 이용하여 슬라이드를 완성해 보세요.

- 테마 : 상승
- 디자인 마당 : 활용 디자인 10

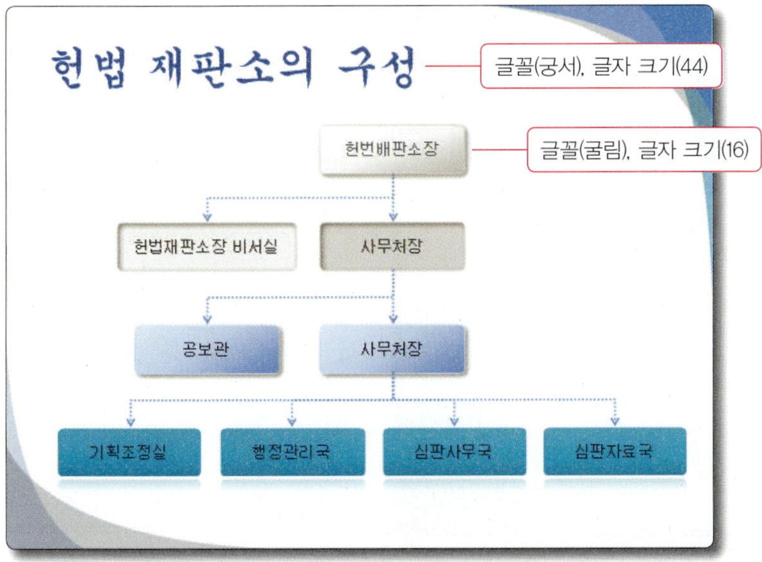

③ ‘문제03’ 파일을 열고 다음과 같이 디자인마당을 이용하여 슬라이드를 완성해 보세요.

- 테마 : 꽃잎
- 디자인마당 : 활용 디자인 1

④ ‘문제04’ 파일을 열고 다음과 같이 디자인마당을 이용하여 슬라이드를 완성해 보세요.

- 테마 : 숲 속
- 디자인마당 : 활용 디자인 5

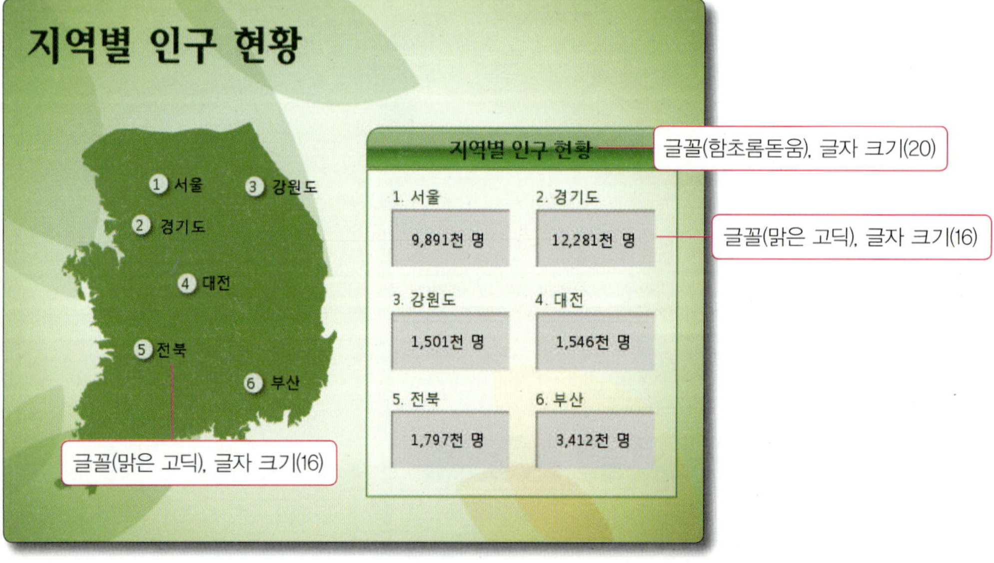

01 다음 중 워드숍을 삽입하기 위해 [입력] 탭-[개체] 그룹에서 선택해야 하는 아이콘으로 옳은 것은?

①   ②   ③   ④

02 보기의 도형에서 도형을 회전시킬 때 사용하는 것으로 옳은 것은?

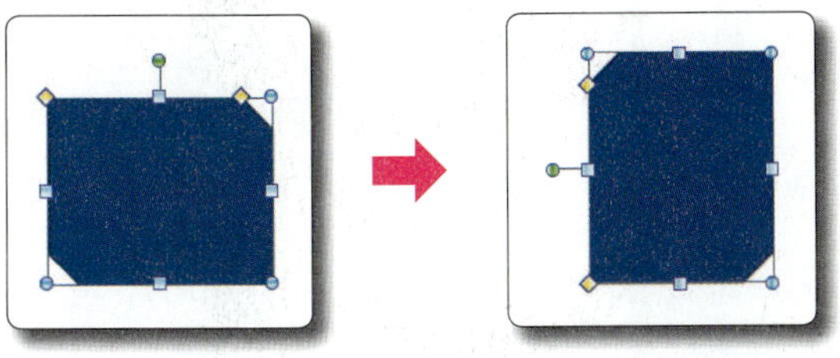

①   ②   ③   ④

03 슬라이드에 도형을 삽입 후 도형을 편집할 때에 [도형] 정황 탭-[스타일] 그룹의 [채우기]에서 설정할 수 있는 기능으로 옳지 않은 것은?

① 그림   ② 그림자

③ 질감   ④ 그러데이션

04 보기의 표를 작성하기 위한 줄 수와 칸 수로 옳은 것은?

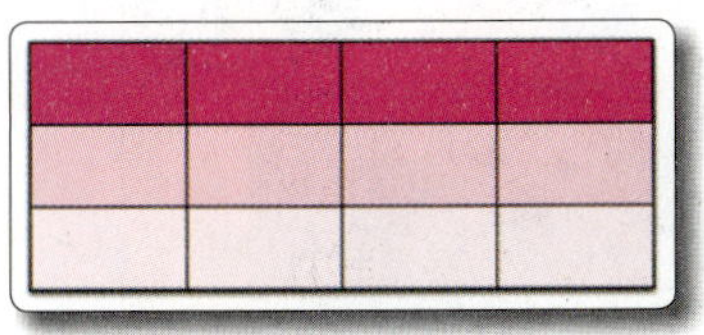

① 줄 수(3), 칸 수(4)

② 줄 수(4), 칸 수(3)

③ 줄 수(2), 칸 수(4)

④ 줄 수(4), 칸 수(2)

05 보기의 표에서 설정된 표 스타일 옵션으로 옳지 않은 것은?

이름	국어	영어	수학	합계
안건모	60	70	80	210
최현주	80	65	70	215
김민중	75	80	90	245
평균	71.6	71.6	80	

① 머리글 행   ② 마지막 행

③ 요약 행   ④ 줄무늬 행

06 다음 중 표 테두리 종류의 이름이 잘못 연결된 것은?

① ———— : 이중 실선

② ·············· : 점선

③ ‑‑‑‑‑‑ : 파선-점선

④ ‑·‑·‑· : 긴 파선-점선-점선

힌트

테두리 종류의 이름은 [개체 속성] 대화상자의 [테두리] 탭에서 확인할 수 있습니다.

07 다음 중 표의 텍스트를 세로 가운데로 맞출 경우 선택해야 하는 아이콘으로 옳은 것은?

①   ②   ③   ④

08 문서를 손쉽게 작성할 수 있도록 테마별 디자인 예제를 보여주는 기능은?

① 그리기마당

② 워드숍

③ 디자인마당

④ 글상자

09 디자인 서식을 적용한 '독도의 크기 및 특징' 파일을 다음과 같이 작성해 보세요.

❶ 표 : 배경(색 없음), 테두리(모든 테두리)

❷ 상단 도형 : 스타일(밝은 계열 – 강조 3)

❸ 좌측 도형 : 2개 도형의 조합으로 작성,
스타일(평행 사변형 : 보통 효과 – 강조 1, 모서리가 둥근 직사각형 : 어두운 계열 – 강조 2)

❹ 표/상단 도형/좌측 도형 : 글꼴(돋움), 글자 크기(16), 가운데 정렬(≡), 가운데 맞춤(▤)

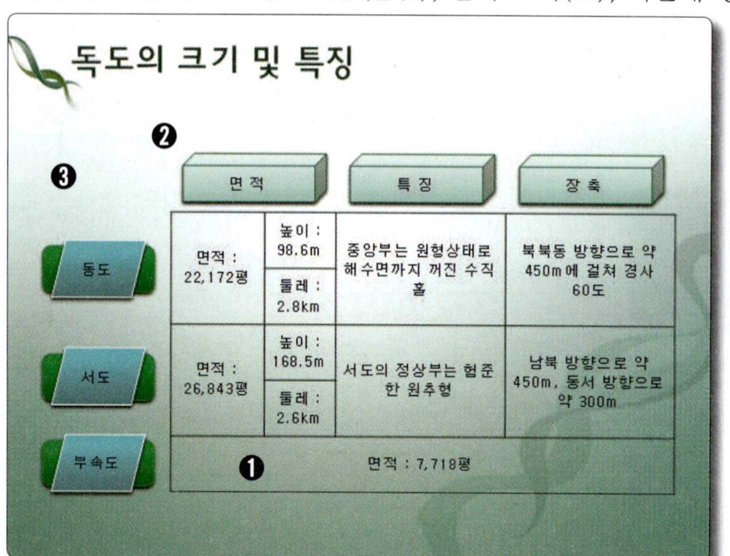

미리 만들어 놓은 디자인 서식을 적용하면, 슬라이드의 배경이나 제목, 내용 등의 서식을 일일이 지정하지 않고도 통일감 있는 디자인의 문서를 손쉽게 만들 수 있습니다.

• [서식] 탭의 목록(▾)을 클릭 후 [디자인]을 클릭한 다음 [디자인] 작업 창에서 [화합]을 클릭

10 디자인 서식을 적용한 '우리집 강아지를 소개합니다.' 파일을 다음과 같이 작성해 보세요.

❶ 테마 : 강아지

❷ 표 : 배경(강조 5(RGB: 255,192,0) 60% 밝게), 강아지 그림 삽입

❸ 그리기마당 : 강아지, 디자인마당 : 활용 디자인 10

Chapter 17 어린이의 건강 살펴보기

👆 슬라이드에 차트를 삽입하는 방법에 대해 알아보겠습니다.

✌ 차트의 옵션을 변경하는 방법에 대해 알아보겠습니다.

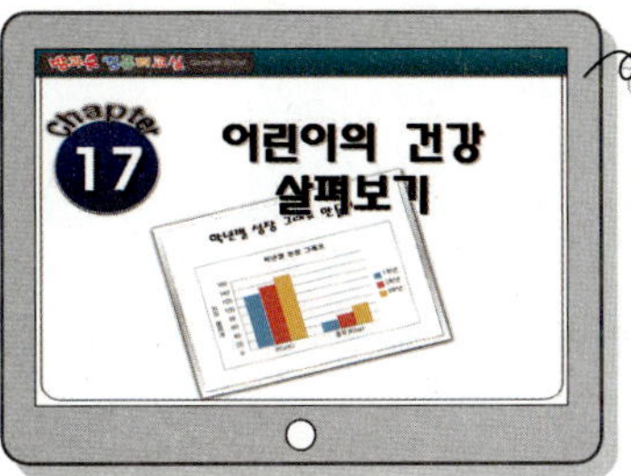

먼저 공부 할 내용
한쇼2010.show(Chapter17)

완성작품 미리보기

학년별 성장 그래프 만들기

우리나라 어린이 성장률이 크게 늘어났다고 합니다. 자세한 소식은 차트를 보면서 이야기 드리겠습니다.

차트는 자료의 변화를 한눈에 알아보기 쉽게 그래프 형식으로 제공하는 기능입니다. 이번 시간에는 차트를 삽입하는 방법과 삽입한 차트의 옵션을 변경하는 방법에 대해 알아볼까요?

차트 삽입하기

1. 'Chapter17' 파일을 열고 [입력] 탭–[표] 그룹에서 [차트]를 클릭

2. 차트가 삽입되면 [차트] 정황 탭–[데이터] 그룹에서 [데이터 편집]을 클릭

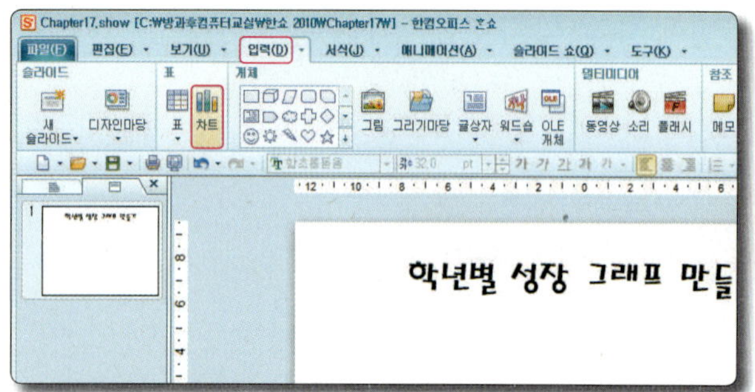
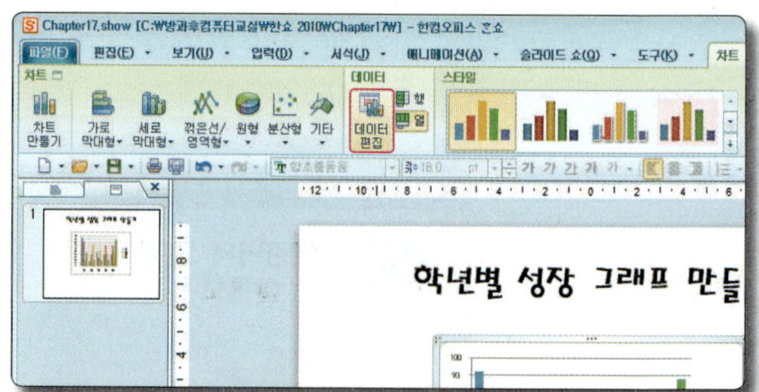

3. [차트 데이터 편집] 대화상자가 나타나면 열4행3 위치를 클릭 후 [선택한 행 지우기]를 3번 클릭, [선택한 열 지우기]를 클릭

4. [모든 데이터 지우기]를 클릭 후 내용을 입력한 다음 [확인]을 클릭

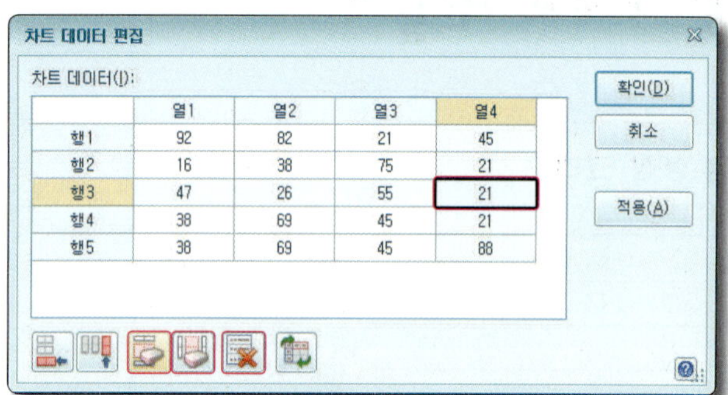
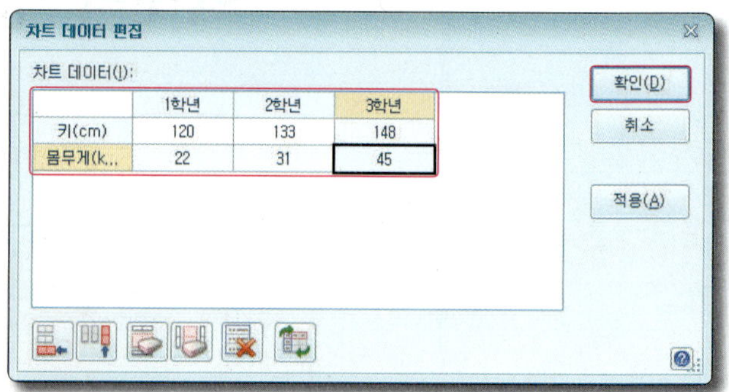

5. 크기 조절점을 드래그하여 차트 크기를 조절

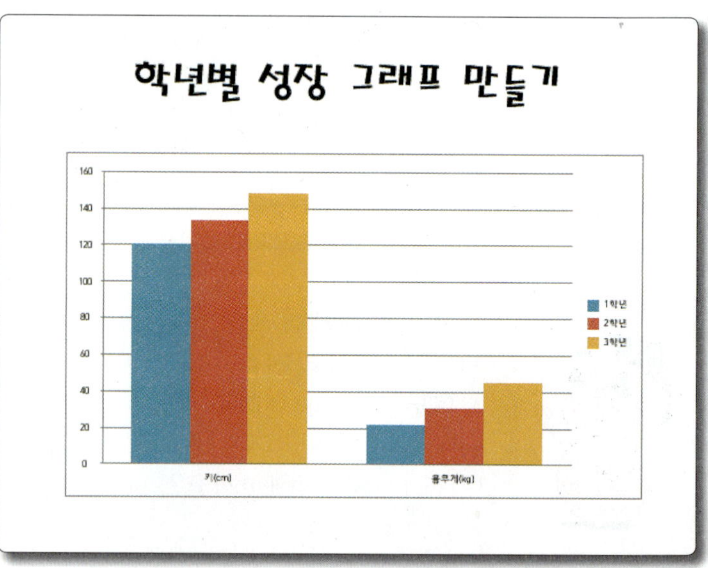

차트 디자인하기

6. [차트] 정황 탭-[속성] 그룹에서 [제목]-[위쪽 표시]를 클릭 후 다시 [속성] 그룹에서 [제목]-[제목 편집]을 클릭

7. [제목 모양] 대화상자가 나타나면 [글자] 탭을 클릭 후 내용(학년별 성장 그래프)을 입력한 다음 글꼴(굴림), 크기(20), 속성(가[진하게])을 선택하고 [설정]을 클릭

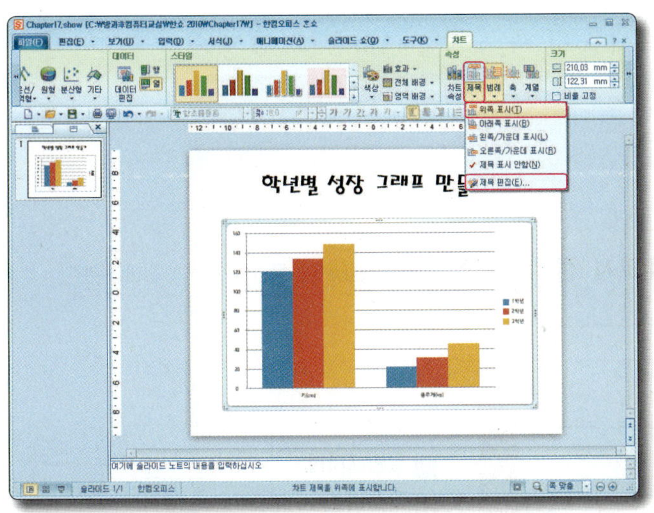
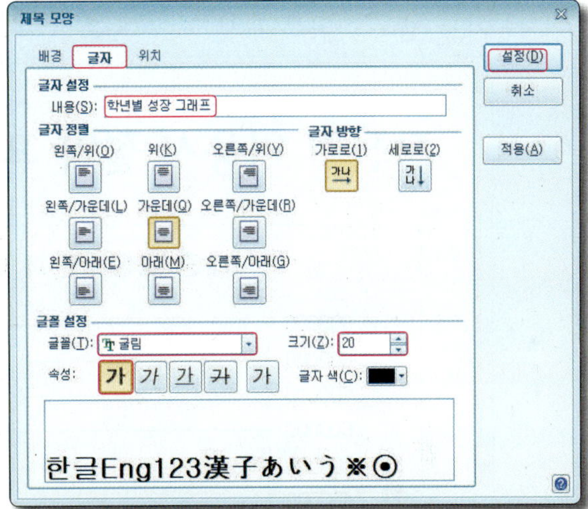

8. 범례, 세로 값 축 제목, 세로 값 축, 가로 항목 축에 각각 서식을 지정

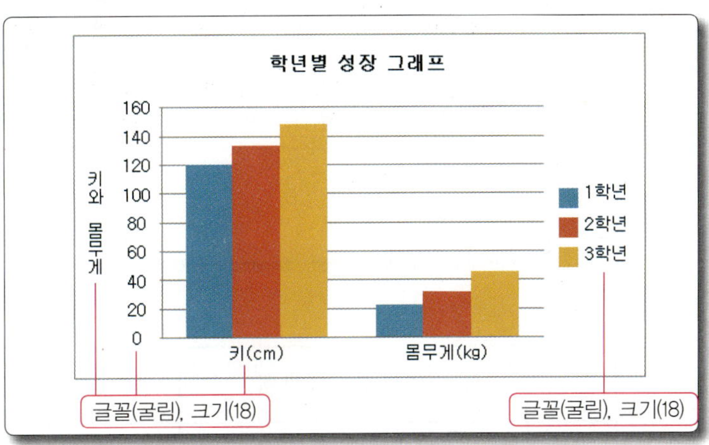

한 가지 더

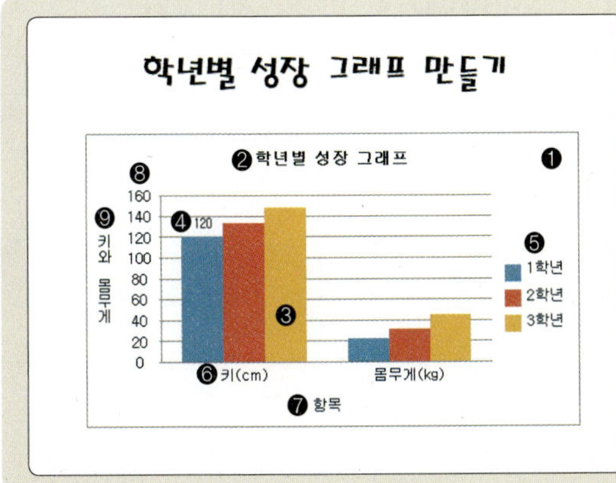

차트 구성

❶ 차트 배경

❷ 차트 제목

❸ 계열

❹ 계열 이름표

❺ 범례

❻ 가로 항목 축

❼ 가로 항목 축 제목

❽ 세로 값 축

❾ 세로 값 축 제목

1 '문제01' 파일을 열고 다음과 같이 차트를 삽입해 보세요.

- 테마 : 상승
- 차트 : 묶은 세로 막대형
- 차트 데이터 : 표 참조
- 차트 제목 : 위쪽 표시
- 축 : 제목(세로 값 축)
- 데이터 : 행 기준

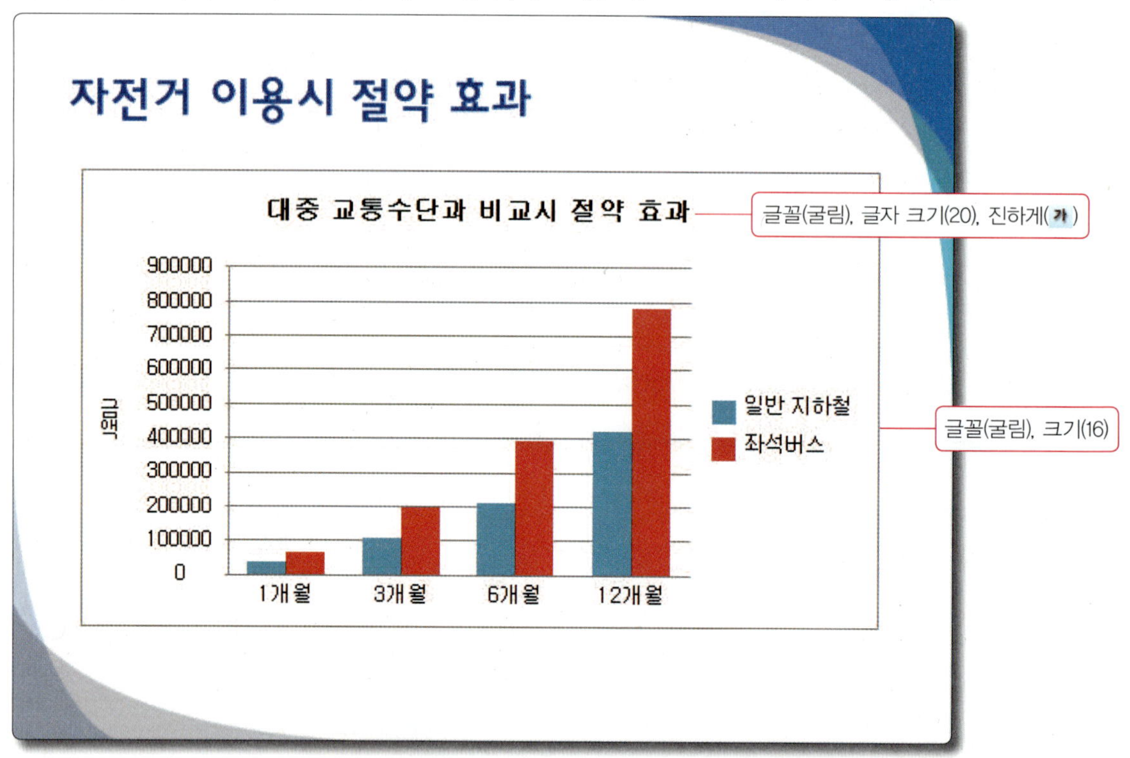

	1개월	3개월	6개월	12개월
일반 지하철	35,000	105,000	210,000	420,000
좌석버스	65,000	195,000	390,000	780,000

2 '문제02' 파일을 열고 다음과 같이 표를 이용하여 차트를 삽입해 보세요.

- 테마 : 직선
- 차트 : 묶은 세로 막대형
- 차트 데이터 : 표 참조
- 차트 제목 : 위쪽 표시
- 데이터 : 행 기준
- 스타일 : 차트 스타일 3

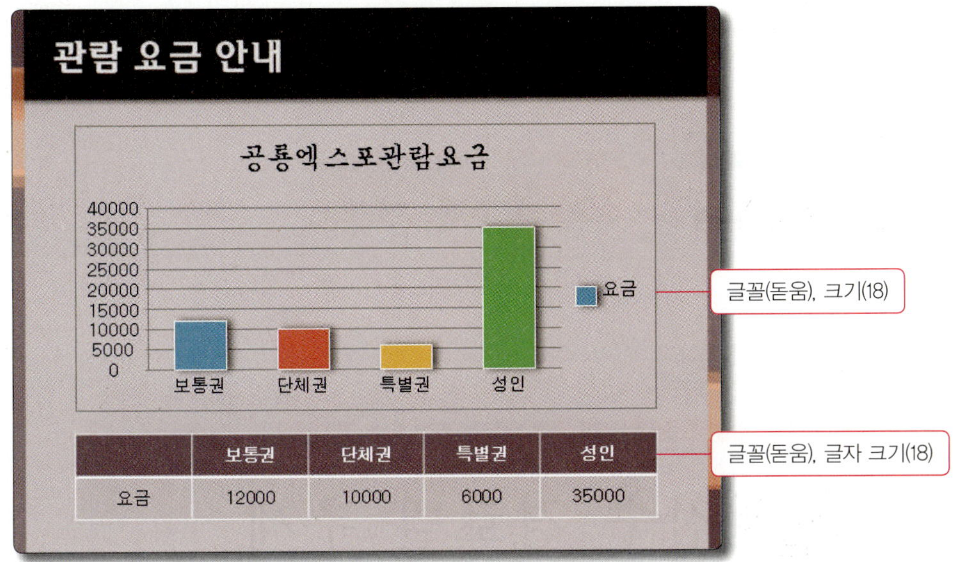

	보통권	단체권	특별권	성인
요금	12000	10000	6000	35000

3 '문제03' 파일을 열고 다음과 같이 차트를 삽입해 보세요.

- 테마 : 물방울
- 차트 : 자료점 이름표(값) 바깥쪽 표시 3차원 설정 도넛형
- 범례 위치 : 아래
- 데이터 : 행 기준
- 스타일 : 차트 스타일 11

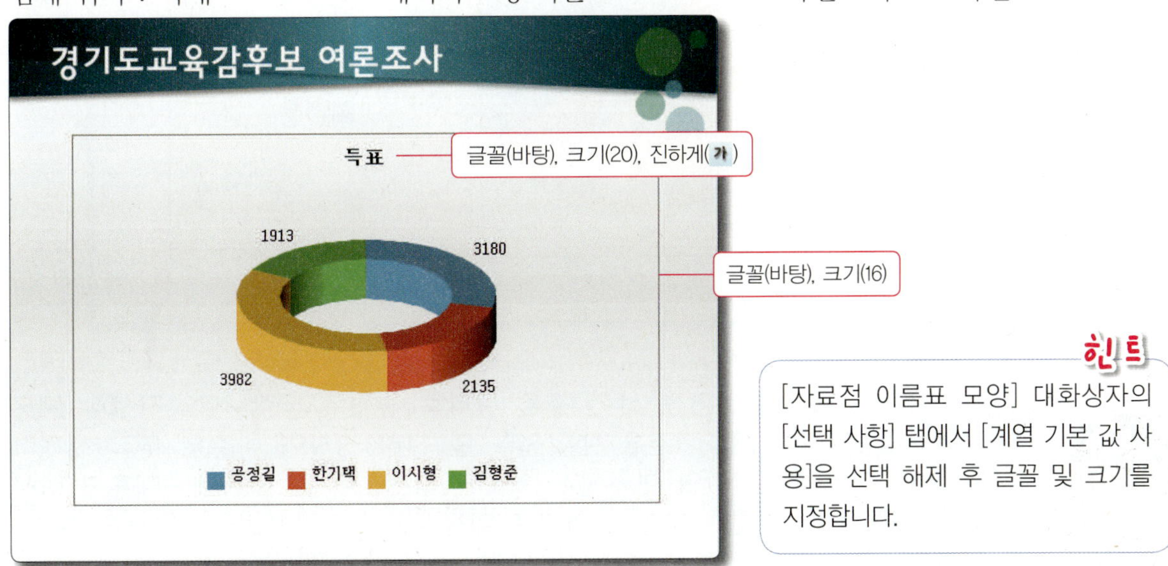

힌트

[자료점 이름표 모양] 대화상자의 [선택 사항] 탭에서 [계열 기본 값 사용]을 선택 해제 후 글꼴 및 크기를 지정합니다.

Chapter 18 살기 좋은 우리나라

- 차트의 종류를 변경하는 방법에 대해 알아보겠습니다.
- 각 요소에 서식을 지정하는 방법에 대해 알아보겠습니다.

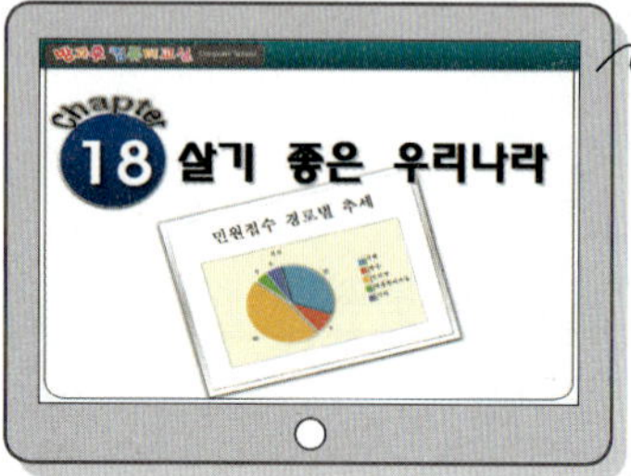

먼저 공부 할 내용
한쇼2010.show(Chapter18)

완성작품 미리보기

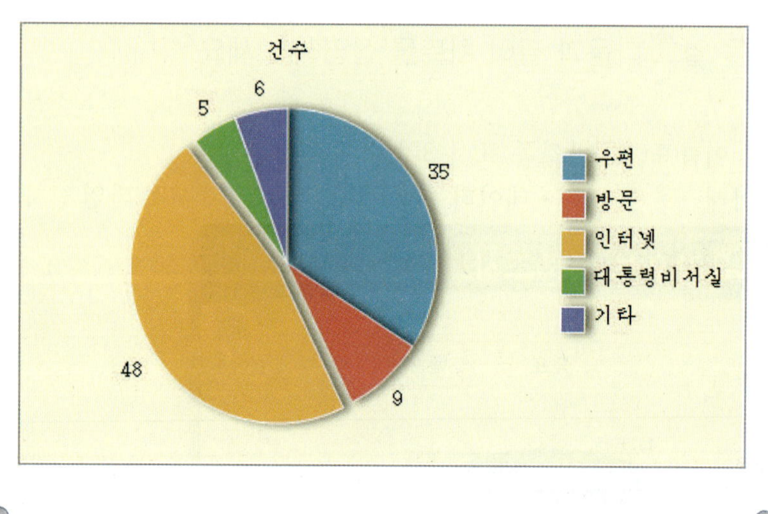

우리나라가 세계에서 가장 살기 좋은 나라로 뽑혔다고 합니다. 자세한 내용을 알아보겠습니다. 선정 기준은 민원접수 및 처리 절차에 비중을 두고 선정하였다고 합니다. 우리나라의 민원접수 경로는 우편, 방문, 인터넷, 대통령 비서실 등이 있는데요. 이번 시간에는 어떤 민원접수가 가장 많았는지 차트를 통해 알아볼까요?

나만의 차트 만들기

1. 'Chapter18' 파일을 열고 [입력] 탭-[표] 그룹에서 [차트]를 클릭

2. 차트가 삽입되면 [차트] 정황 탭-[데이터] 그룹에서 [데이터 편집]을 클릭

3. [차트 데이터 편집] 대화상자가 나타나면 열4행1 위치를 클릭 후 ⬆️[선택한 행 지우기]를 4번 클릭

4. ⬆️[열 추가하기]를 클릭 후 ❌[모든 데이터 지우기]를 클릭한 다음 내용을 입력하고 [확인]을 클릭

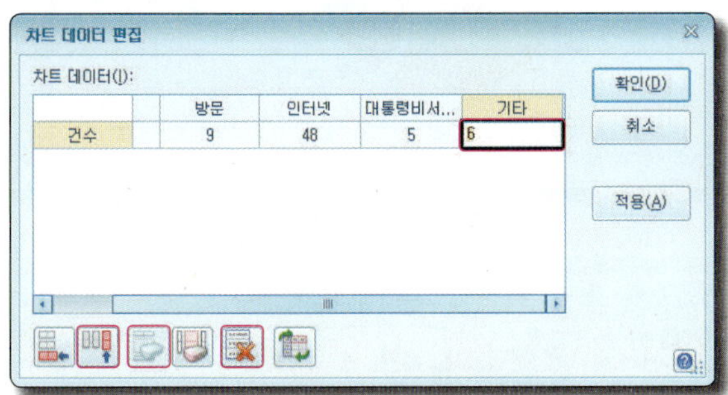

〈차트 데이터〉

	우편	방문	인터넷	대통령비서실	기타
건수	35	9	48	5	6

5. [차트] 정황 탭-[차트] 그룹에서 [원형]-[자료점 이름표(값) 바깥쪽 표시 원형(🥧)]을 클릭

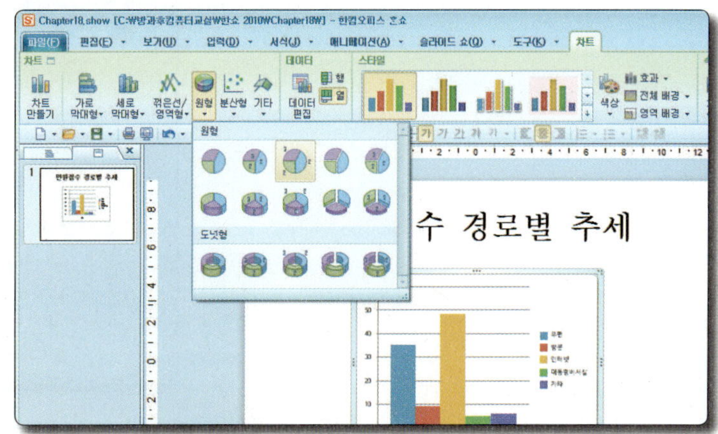

6. 크기 조절점을 드래그하여 크기를 조절

7. 범례, 축 이름표, 자료점 이름표에 각각 글자 서식을 지정

Tip

자료점 이름표 값을 더블클릭 후 [자료점 이름표 모양] 대화상자가 나타나면 [선택 사항] 탭에서 [계열 기본 값 사용]을 선택해제한 다음 [글자] 속성 지정, 같은 방법으로 나머지 자료점 이름표를 각각 지정

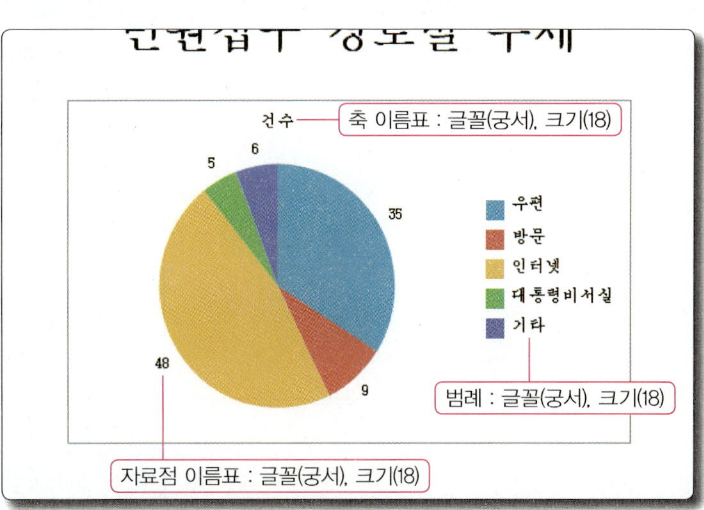

쪼개진 원형 차트 만들기

8. 차트의 인터넷 계열만 선택 후 드래그하여 위치를 이동

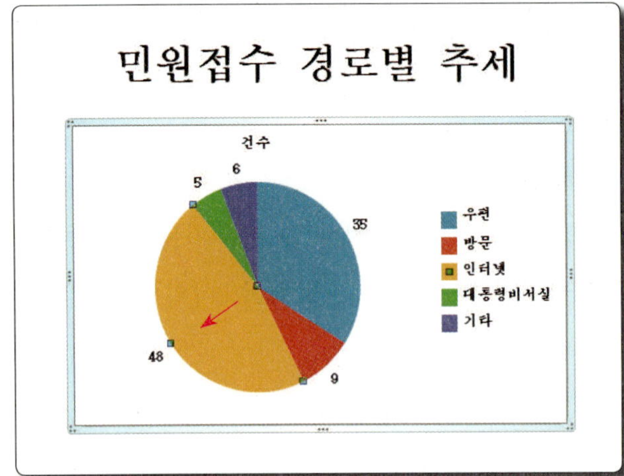

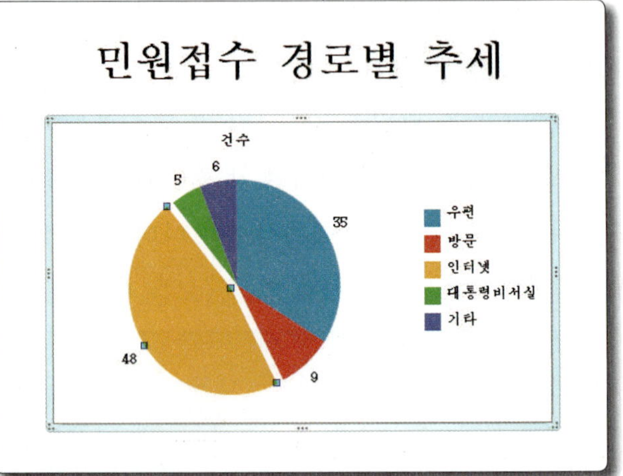

9. [차트] 정황 탭-[스타일] 그룹에서 [자세히(↓)]를 클릭 후 [차트 스타일 3(📊)]을 클릭

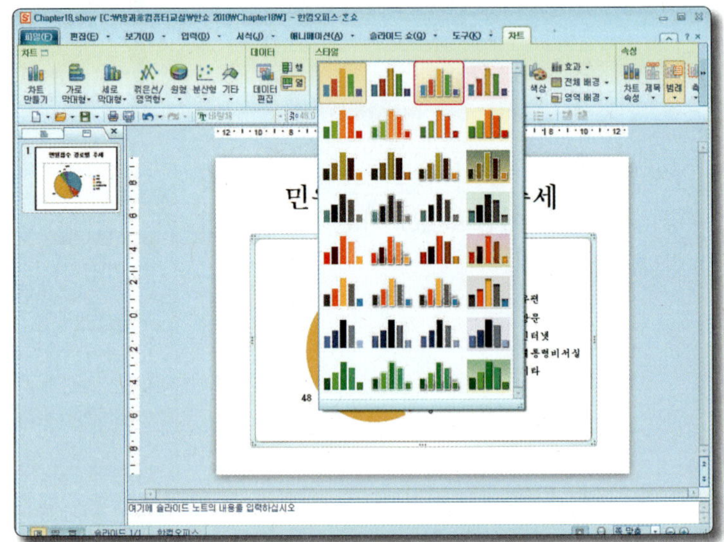

10. [차트] 정황 탭-[스타일] 그룹에서 [전체 배경]-[전체 배경 2]를 클릭

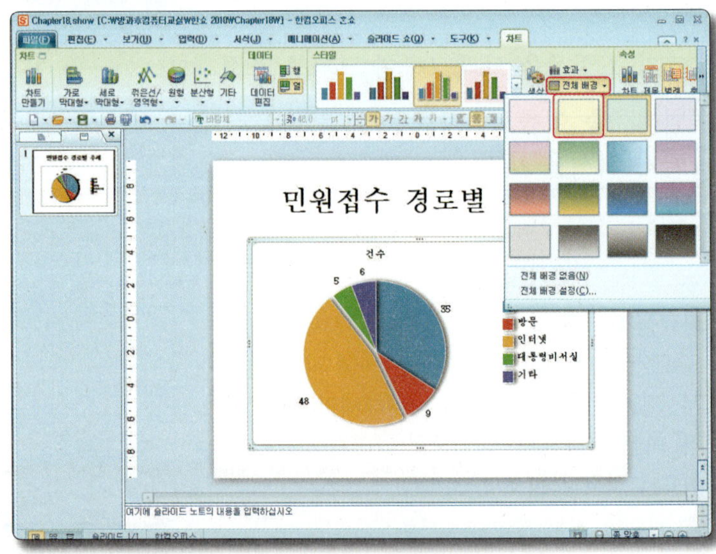

Mission 확인 문제

1 ‘문제01’ 파일을 열고 다음과 같이 차트를 완성해 보세요.

- 디자인 : 인체
- 데이터 : 행 기준
- 차트 제목 : 위쪽 표시
- 섭취량 계열만 자료점 이름표 삽입

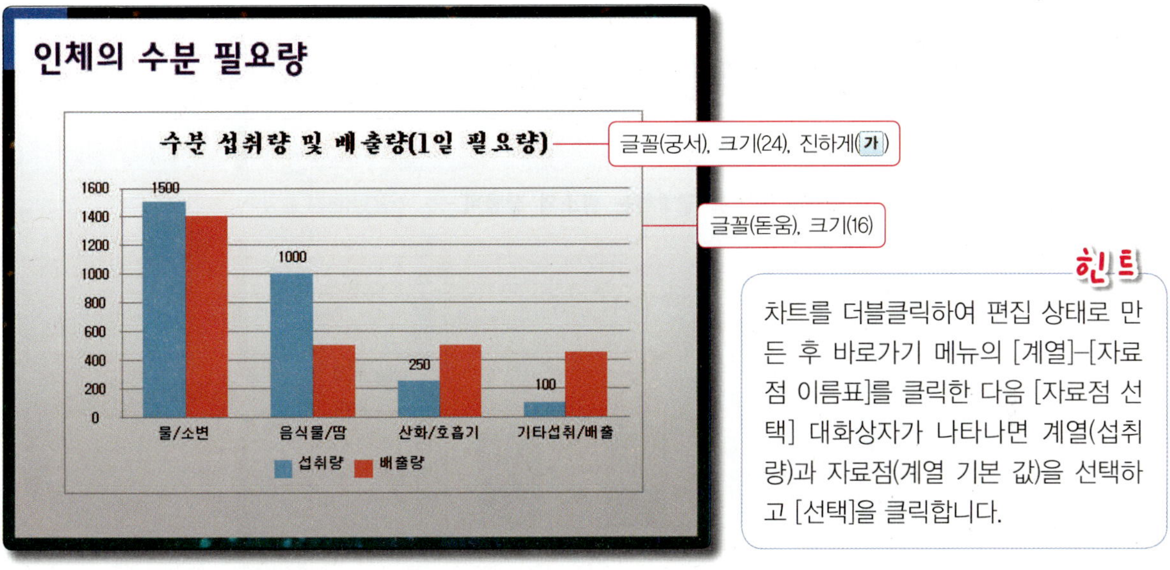

힌트

차트를 더블클릭하여 편집 상태로 만든 후 바로가기 메뉴의 [계열]–[자료점 이름표]를 클릭한 다음 [자료점 선택] 대화상자가 나타나면 계열(섭취량)과 자료점(계열 기본 값)을 선택하고 [선택]을 클릭합니다.

2 ‘문제02’ 파일을 열고 다음과 같이 차트를 완성해 보세요.

- 테마 : 조각
- 데이터 : 행 기준
- 차트 : 안내선 표시 꺾은선형
- 차트 제목 : 위쪽 표시
- 전체 배경 : 전체 배경 6
- 티라노사우루스 계열의 25세 요소만 자료점 이름표 삽입

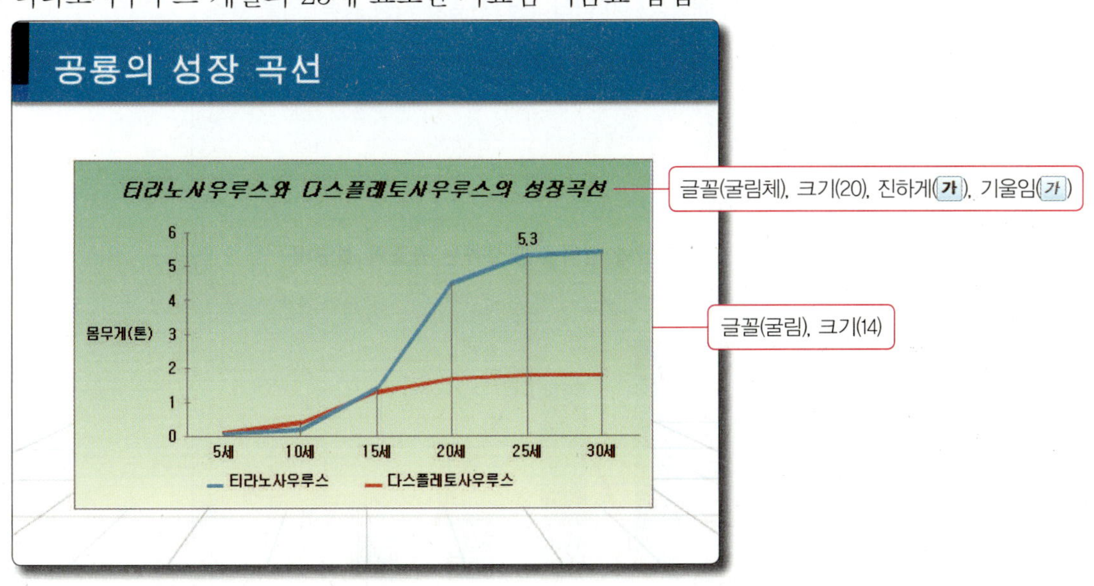

3 '문제03' 파일을 열고 다음과 같이 이중 축 혼합형 차트를 완성해 보세요.

- 테마 : 곡선
- 차트 : 이중축 혼합형
- 차트 제목 : 위쪽 표시

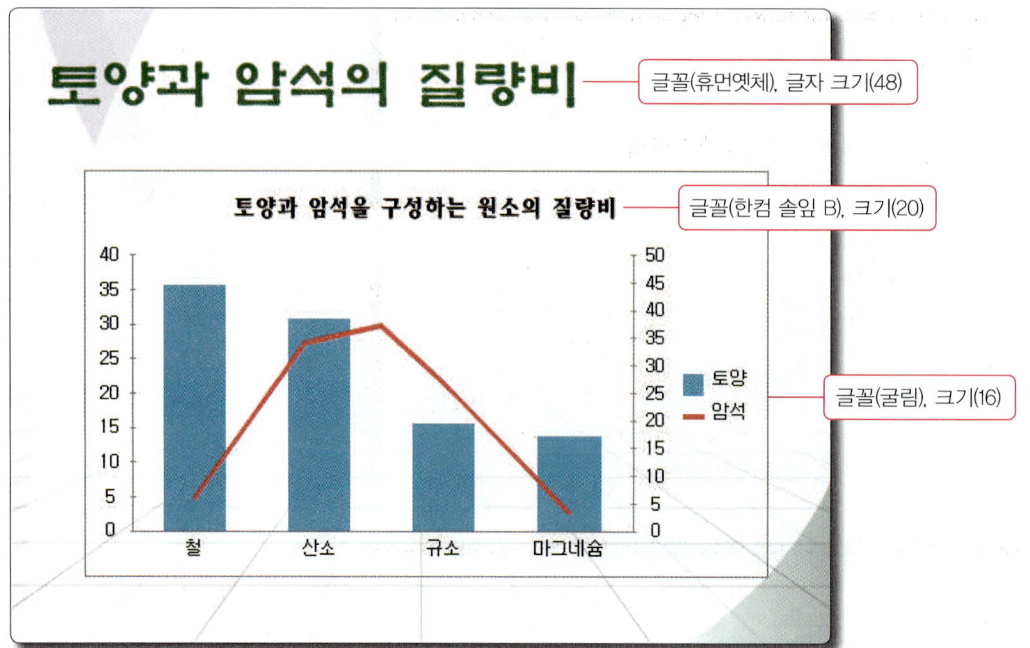

Tip

1. 차트의 빈 공간에서 더블클릭하여 차트가 편집 상태가되면 바로가기 메뉴의 [차트 마법사]를 클릭

2. [차트 마법사 – 3단계 중 1단계] 대화상자가 나타나면 [사용자 지정 종류] 탭을 클릭

3. 차트 종류 [이중 축 혼합형]을 선택 후 [확인]을 클릭

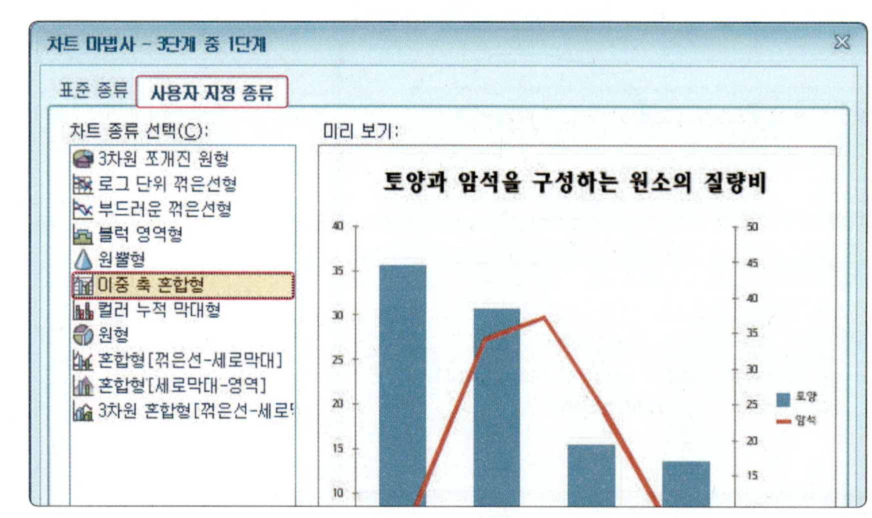

Chapter 19 슬라이드 복제 기술이 개발되었다고?

✌ 슬라이드 마스터 및 제목 마스터에 대해 알아보겠습니다.

✌ 슬라이드 마스터를 작성한 후 내용을 입력하고 완성하는 방법에 대해 알아보겠습니다.

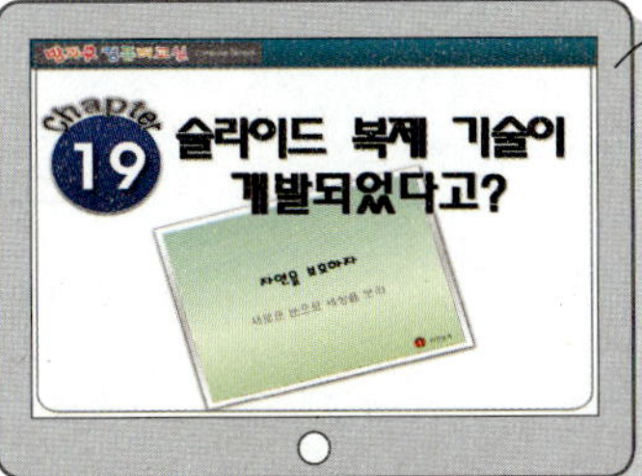

먼저 공부 할 내용
한쇼2010.show(Chapter19)

완성작품 미리보기

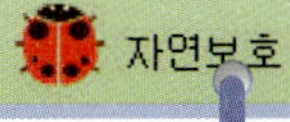

똑같은 슬라이드를 빠르게 만들 수 있는 슬라이드 복제 기술이 개발 되었다고 합니다. 슬라이드 복제 기술은 많은 양의 슬라이드를 만들때 아주 편리합니다. 이번 시간에는 반복적으로 들어가는 내용을 한번만 만들면 모든 슬라이드에 적용되는 슬라이드 마스터에 대해 알아볼까요?

슬라이드 마스터 작성하기

1. 'Chapter19' 파일을 열고 [보기] 탭–[마스터] 그룹에서 [슬라이드 마스터]를 클릭

2. 슬라이드 마스터 편집 화면이 나타나면 [한컴오피스 슬라이드 마스터: 슬라이드 1에서 사용]을 클릭

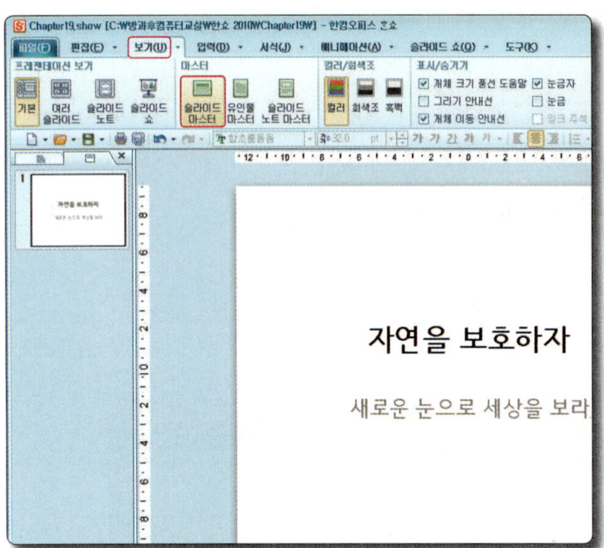

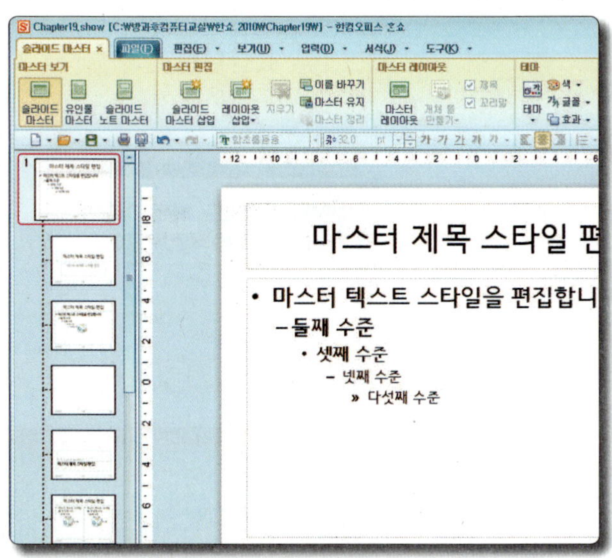

3. 마스터 제목 스타일과 마스터 텍스트 스타일의 글꼴 서식을 지정

4. 슬라이드 마스터의 빈 공간에서 바로가기 메뉴의 [배경 속성]을 클릭

5. [배경 속성] 대화상자가 나타나면 [그러데이션]을 선택 후 유형(솜사탕 3)을 선택한 다음 [모두 적용]을 클릭

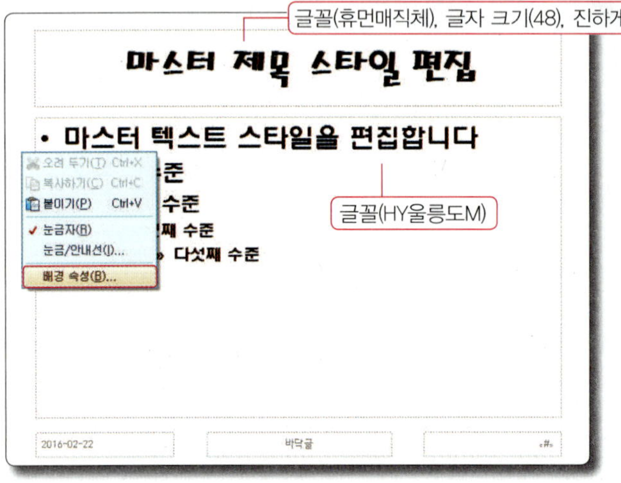

6. [입력] 탭-[개체] 그룹에서 [그리기마당]을 클릭 후 '곤충'을 검색한 다음 클립아트를 선택하고 [넣기]를 클릭한 후 드래그하여 클립아트 삽입

7. [입력] 탭-[개체] 그룹에서 ▥[가로 글상자]를 클릭 후 드래그하여 삽입한 다음 텍스트(자연보호)를 입력하고 글꼴 서식 지정

8. [슬라이드 마스터] 정황 탭-[닫기] 그룹에서 [닫기]를 클릭

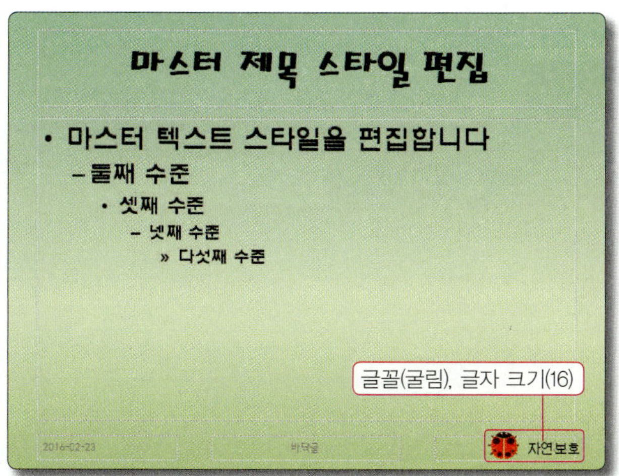

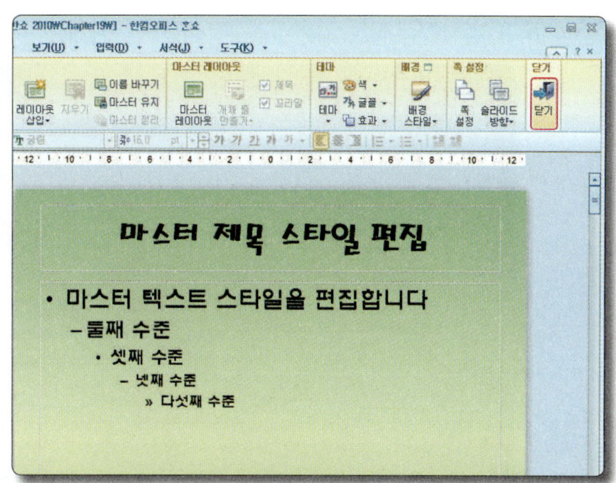

슬라이드 완성하기

9. [편집] 탭-[슬라이드] 그룹에서 [새 슬라이드]-[제목 및 내용]을 클릭

10. [편집] 탭-[슬라이드] 그룹에서 [새 슬라이드]-[제목 및 내용 2개]를 클릭

11. 2번, 3번 슬라이드에 다음과 같이 텍스트를 입력

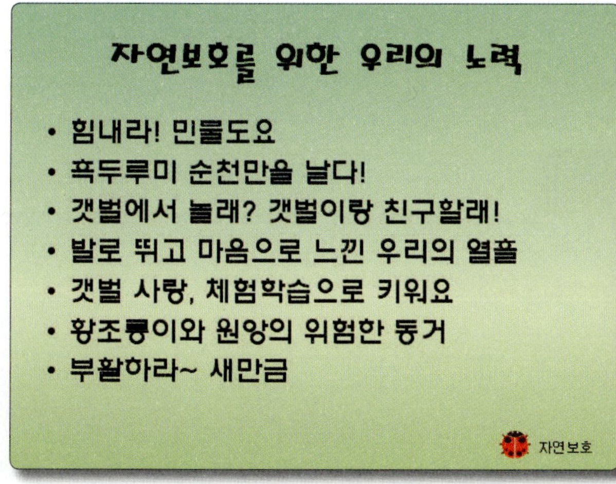

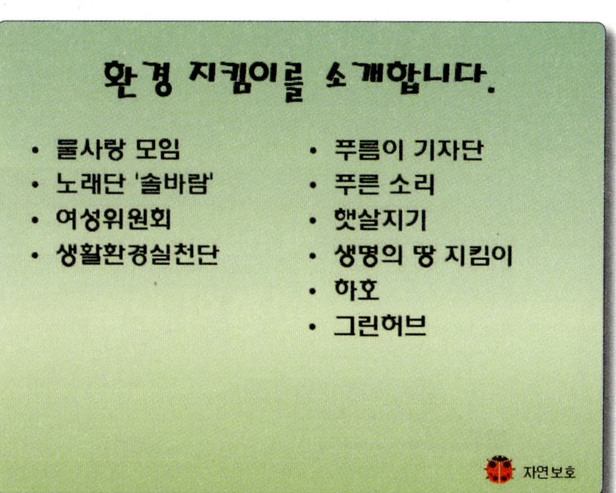

1 '문제01' 파일을 열고 다음과 같이 슬라이드 마스터를 이용하여 슬라이드를 완성해 보세요.

- 배경 속성 : 한컴오피스 슬라이드 마스터(배경-2.jpg),
  제목 슬라이드 레이아웃(배경-1.jpg)
- 도형 모양 및 스타일은 결과화면 참조

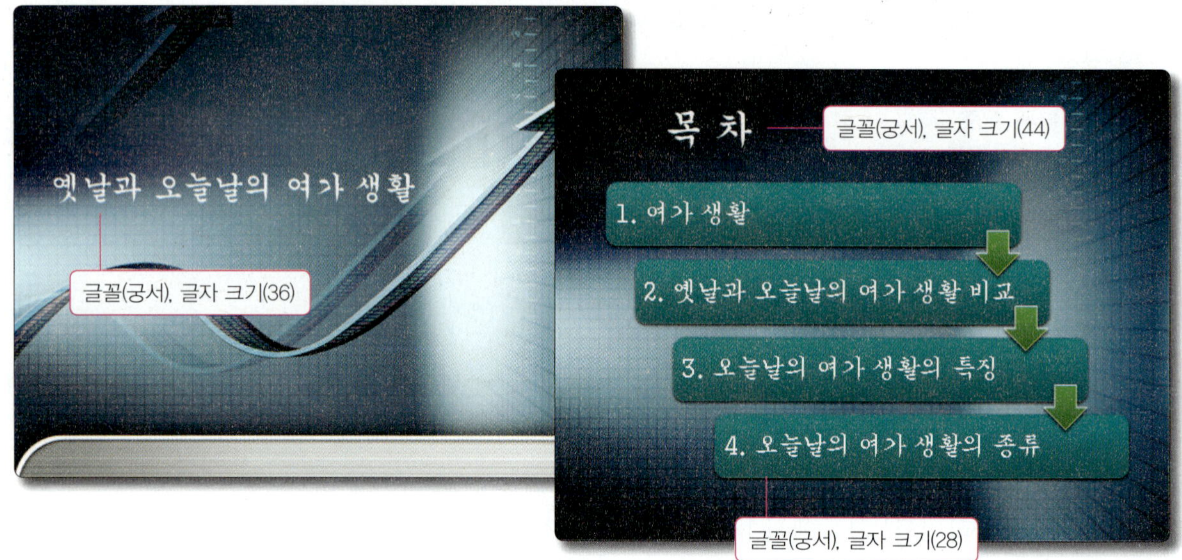

2 '문제02' 파일을 열고 다음과 같이 슬라이드 마스터를 이용하여 슬라이드를 완성해 보세요.

- 배경 속성 : 한컴오피스 슬라이드 마스터(배경-4.jpg), 제목 슬라이드 레이아웃(배경-3.jpg)
- 그림 : 제목 슬라이드 레이아웃(제목-1.png), 제목만 레이아웃(제목-2.png)
- 도형 모양 및 스타일은 결과화면 참조

③ '문제03' 파일을 열고 다음과 같이 슬라이드 마스터를 이용하여 슬라이드를 완성해 보세요.

- 슬라이드 마스터 : 선 없음, 채우기 – 질감(미색 안뜨기 스웨터), 그림자(바깥쪽의 대각선 오른쪽 아래)
- 도형 모양 및 스타일은 결과화면 참조

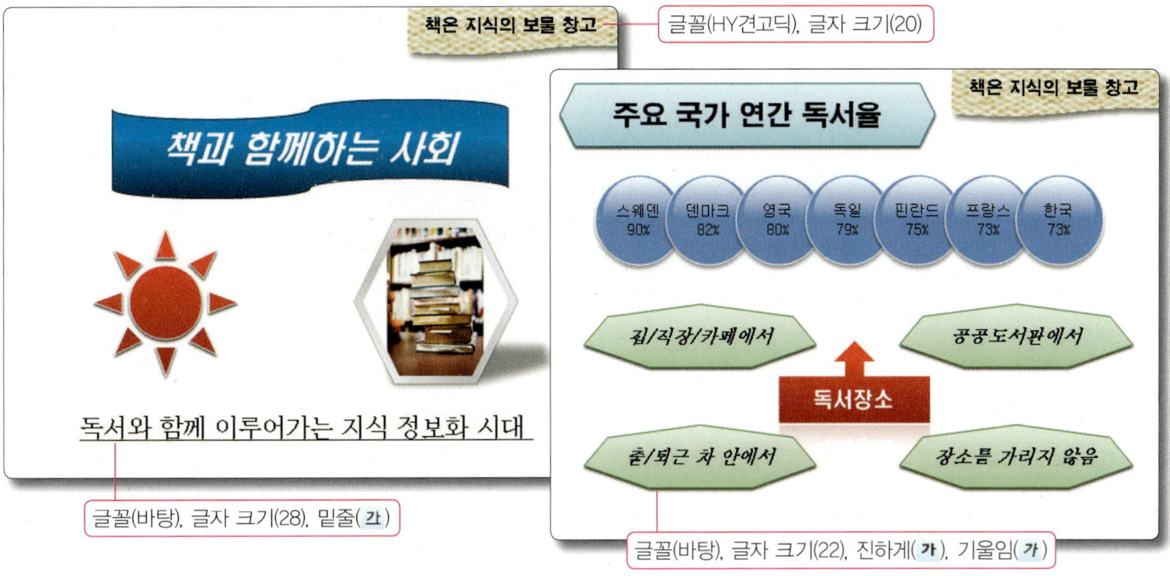

④ '문제04' 파일을 열고 다음과 같이 슬라이드 마스터를 이용하여 슬라이드를 완성해 보세요.

- 테마 : 하늘
- 슬라이드 마스터 : 십자형(어두운 계열 – 강조 3, 어두운 계열 – 강조 4), 그림(디자인.jpg)
- 글머리표 및 번호 매기기는 결과화면 참조

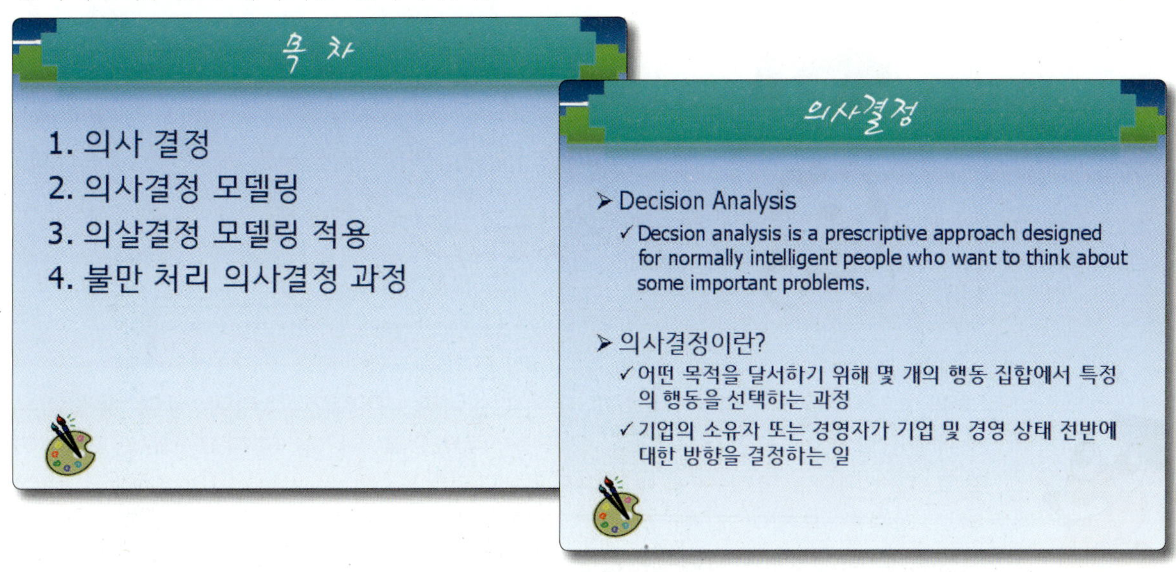

Chapter 20 그림에 생명 불어넣기

☝ 사용자 지정 애니메이션을 지정하는 방법에 대해 알아보겠습니다.
✌ 사용자 지정 경로 그리기 애니메이션을 지정하는 방법에 대해 알아보겠습니다.

먼저 공부 할 내용
한쇼2010.show(Chapter20)

완성작품 미리보기

그림이 살아 움직인다는 제보가 들어왔습니다. 어떻게 그림이 살아 움직이는지 알아볼까요? 이 신기술은 아주 간단한 방법으로 할 수 있다고 해서 더 인기를 끌고 있습니다. 뚝딱~~ 나타나도록 지정하는 방법 뿐 아니라 원하는 방향으로 그림을를 움직이게 할 수 있다고 하는데요. 이번 시간에는 애니메이션을 지정하는 방법에 대해 알아볼까요?

단계별 따라하기

애니메이션 지정하기

1. 'Chapter20' 파일을 열고 [애니메이션] 탭–[화면 전환 효과] 그룹에서 [자세히(↓)]를 클릭 후 [생일 축하(★)]를 클릭

2. 화면 전환 효과가 적용되고 [화면 전환] 작업 창이 나타나면 화면 전환 속도(3.00 초)를 지정 후 [마우스를 누를 때]를 선택해제한 다음 [다음 시간 후 자동 전환]을 선택하고 '1.00초'를 지정

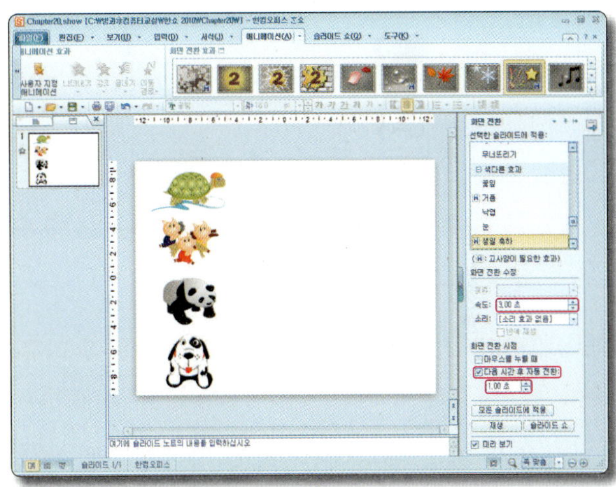

3. [애니메이션] 탭–[애니메이션 효과] 그룹에서 [사용자 지정 애니메이션]을 클릭

4. 거북이를 선택 후 [효과 적용]–[나타내기]–[블라인드]를 클릭

5. 돼지, 판다, 강아지를 각각 애니메이션을 지정

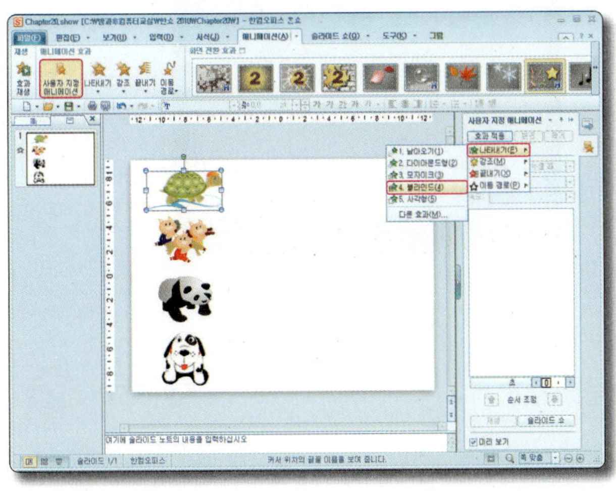
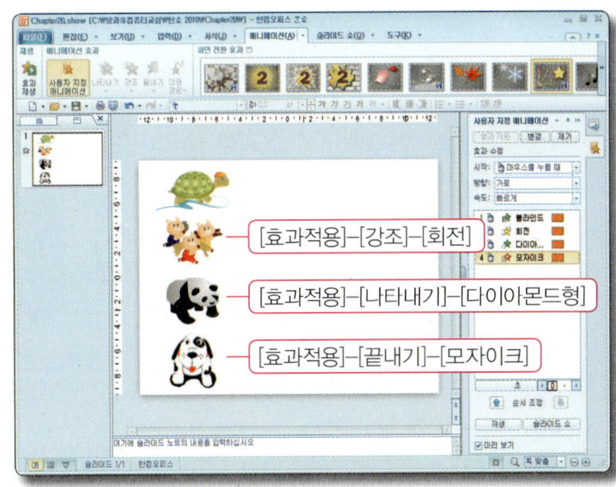

Tip

[시작]은 애니메이션 효과가 실행되는 시점을 지정합니다. 작업 창의 목록에서 애니메이션 효과를 선택한 다음, 마우스 오른쪽 단추를 눌러 빠른 메뉴에서 선택할 수도 있습니다.

움직이는 애니메이션 만들기

6. 거북이를 선택 후 [효과 적용]–[이동 경로]–[사인 곡선]을 클릭

7. 돼지, 판다, 강아지를 각각 애니메이션을 지정

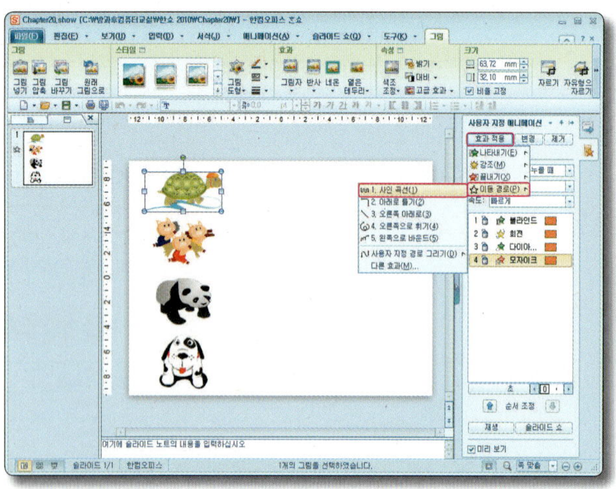

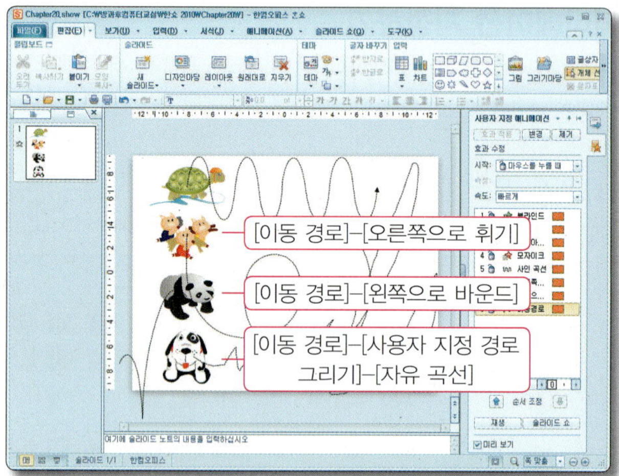

> **Tip**
> [사용자 지정 경로 그리기]–[자유 곡선]을 선택한 후 마우스를 드래그하여 강아지가 움직일 경로를 직접 그려 줍니다.

8. [사용자 지정 애니에션] 작업 창에서 [재생]을 클릭

> **Tip**
> • **재생** : 설정한 애니메이션 효과를 슬라이드 편집 창에서 미리 확인합니다.
> • **슬라이드 쇼** : 설정한 애니메이션 효과를 슬라이드 쇼에서 확인합니다.

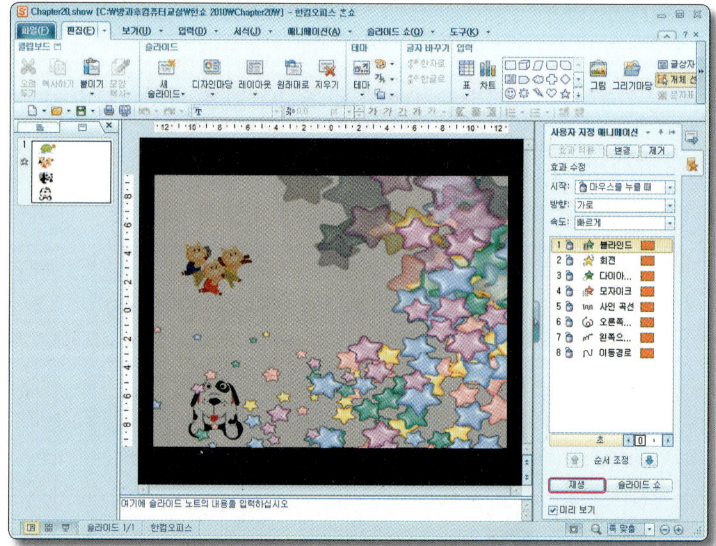

한 가지 더

애니메이션 순서 조정

[사용자 지정 애니메이션] 작업 창에서 순서 조정 화살표(⬆, ⬇)를 누르면 목록에서 선택한 애니메이션 효과의 순서를 바꿀 수 있습니다. 목록에서 애니메이션 효과 항목을 선택한 다음, 위 방향 화살표(⬆)를 누르면 선택한 효과가 앞쪽으로 이동하고 아래 방향 화살표(⬇)를 누르면 뒤쪽으로 이동합니다.

1 '문제01' 파일을 열고 클립아트를 삽입 후 애니메이션을 지정해 보세요.

- 우주인 : 사인곡선
- 비행기 : 아래로 틀기
- 자동차 : 오른쪽 아래로
- 자전거 : 왼쪽으로 바운드

2 '문제02' 파일을 열고 클립아트를 삽입 후 애니메이션을 지정해 보세요.

- 테마 : 빛
- 클립아트 : 별자리
- 임의의 애니메이션 지정

③ ‘문제03’ 파일을 열고 다음과 같이 애니메이션을 지정해 보세요.

- 화면 전환 : 닦아내기[오른쪽으로], 모든 슬라이드에 적용
- 사용자 지정 애니메이션 : 날아오기

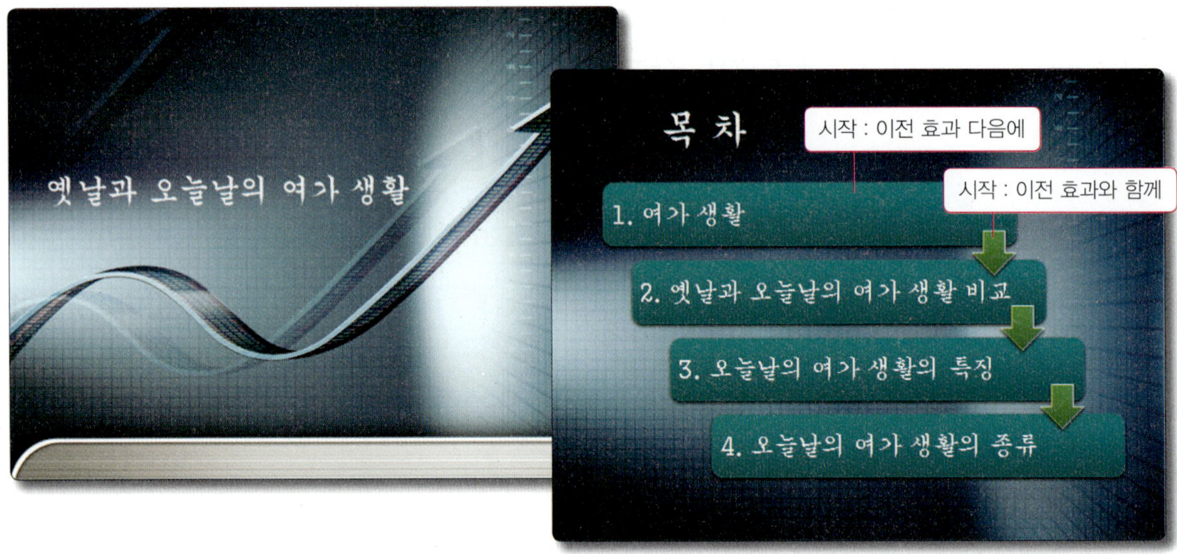

④ ‘문제04’ 파일을 열고 다음과 같이 애니메이션을 지정해 보세요.

- 화면 전환 : 회전하며 확대[시계 방향], 다음 시간 후 자동 전환(2초), 모든 슬라이드에 적용
- 사용자 지정 애니메이션 : 목차 도형에 임의의 애니메이션 지정

Chapter 21 슬라이드와 인터넷의 만남

- 슬라이드와 슬라이드를 연결하는 방법에 대해 알아보겠습니다.
- 슬라이드와 인터넷을 연결하는 방법에 대해 알아보겠습니다.

먼저 공부할 내용
한쇼2010.show(Chapter21)

완성작품 미리보기

정보의 바다 인터넷

경제야 놀자

슬라이드와 슬라이드를 연결할 수 있는 연결 고리가 생겼다는데요. 슬라이드 뿐만 아니라 슬라이드와 인터넷을 연결할 수도 있습니다. 슬라이드에 삽입된 글자나 도형과 같은 개체에 하이퍼링크 기능을 이용하여 연결할 수 있는데요. 하이퍼링크는 홈페이지처럼 클릭했을 때 다른 화면이 나타나도록 지정하는 것과 같습니다. 이번 시간에는 하이퍼링크를 지정하는 방법에 대해 알아 볼까요?

슬라이드와 슬라이드 연결하기

1. 'Chapter21' 파일을 열고 [입력] 탭−[개체] 그룹에서 [자세히(↓)]를 클릭 후 [실행 단추: 앞으로 또는 다음(▷)]을 클릭

2. 마우스 포인터 모양이 + 모양으로 변경되면 드래그하여 도형 작성

3. [실행 설정] 대화상자가 자동으로 나타나면 하이퍼링크(다음 슬라이드)를 확인 후 [넣기] 클릭

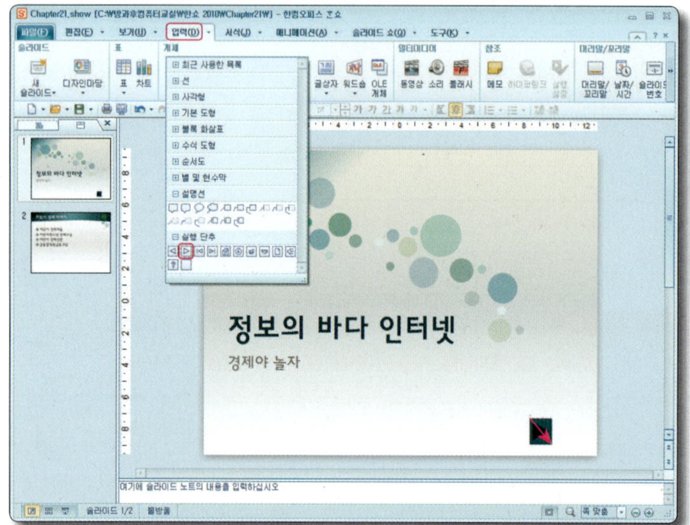

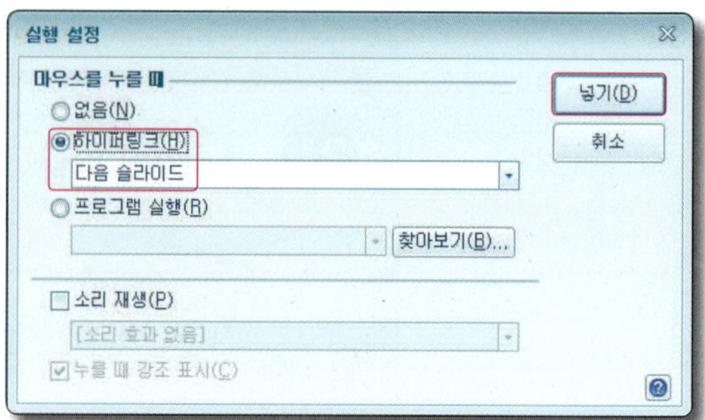

4. 2번 슬라이드를 클릭 후 같은 방법으로 [실행 단추: 시작(◁)]과 [실행 단추: 홈(⌂)]을 작성

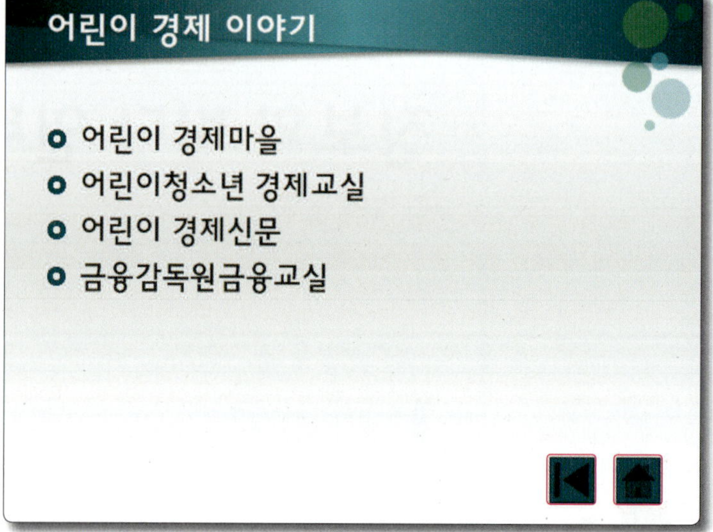

하이퍼링크로 인터넷 연결하기

5. '어린이 경제마을' 텍스트를 드래그하여 블록으로 설정 후 [입력] 탭-[참조] 그룹에서 [하이퍼링크]를 클릭

6. [하이퍼링크] 대화상자가 나타나면 [연결 대상(웹 주소)]를 클릭 후 웹 주소(kids.bokeducation. or.kr)를 입력한 다음 [넣기]를 클릭

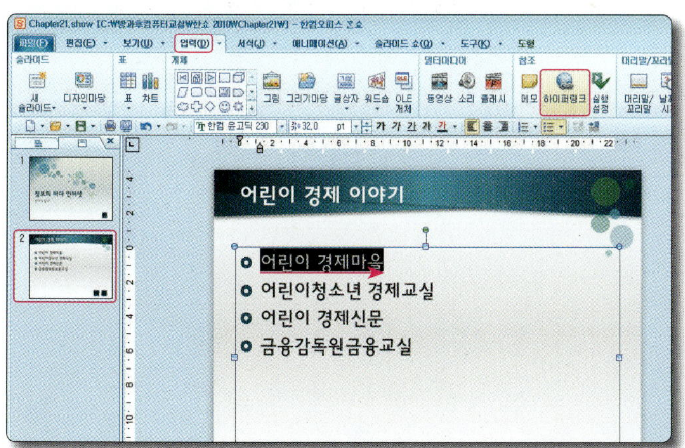
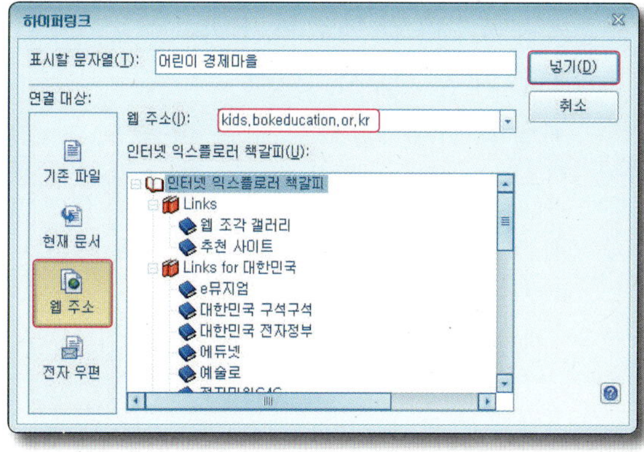

7. 같은 방법으로 하이퍼링크를 지정

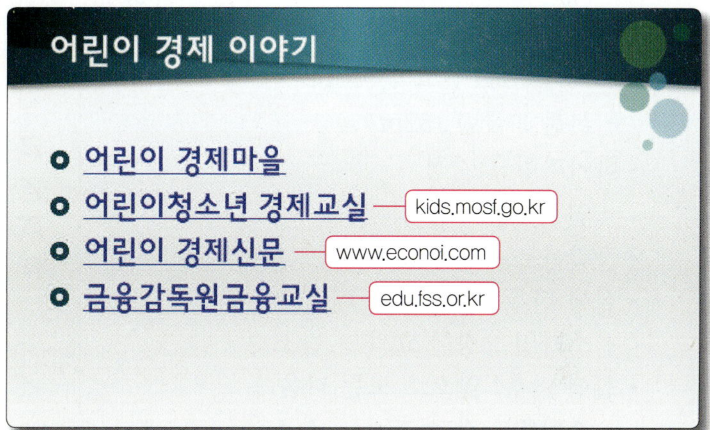

8. [슬라이드 쇼] 탭-[쇼 보기] 그룹에서 [처음부터]를 클릭

9. 슬라이드 쇼가 실행되면 실행 단추 및 하이퍼링크를 클릭하여 정상적으로 이동하는지 확인

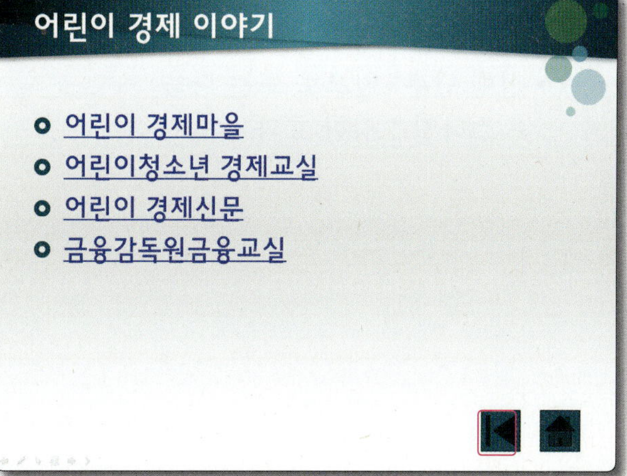

1 '문제01' 파일을 열고 다음과 같이 하이퍼링크 및 실행 단추를 작성해 보세요.

- 테마 : 꿈
- 제목 : 휴먼 매직체, 60pt
- 부 제목 : 궁서, 32pt
- 실행 단추: 앞으로 또는 다음
  - 스타일 : 강한 효과 – 강조 3

- 슬라이드 마스터 지정
  - 제목 : HY견고딕, 40pt
  - 본문 : 굴림, 32pt
- 하이퍼링크 지정
  - 연결대상 : 현재문서
- 클립아트 : 재롱잔치
- 실행 단추: 뒤로 또는 이전
  - 스타일 : 강한 효과 – 강조 3
- 실행 단추: 앞으로 또는 다음
  - 스타일 : 강한 효과 – 강조 3

- 클립아트 : 방송
- 실행 단추: 뒤로 또는 이전
  - 스타일 : 강한 효과 – 강조 3
- 실행 단추: 앞으로 또는 다음
  - 스타일 : 강한 효과 – 강조 3

- 클립아트 : 발표회
- 실행 단추: 뒤로 또는 이전
  - 스타일 : 강한 효과 – 강조 3
- 실행 단추: 앞으로 또는 다음
  - 스타일 : 강한 효과 – 강조 3

- 클립아트 : 모빌
- 실행 단추: 뒤로 또는 이전
  - 스타일 : 강한 효과 – 강조 3
- 실행 단추: 앞으로 또는 다음
  - 스타일 : 강한 효과 – 강조 3

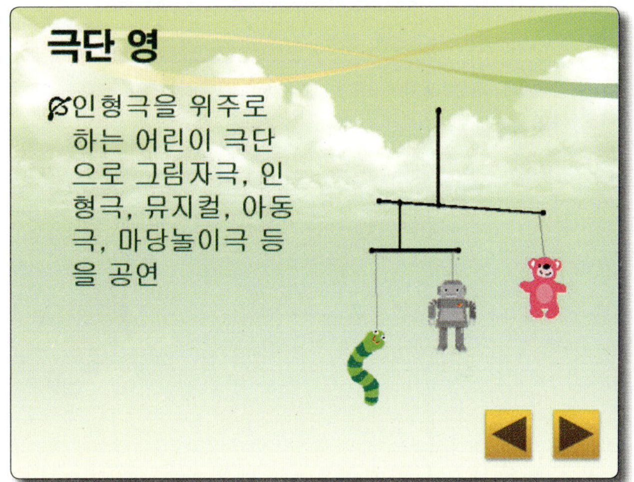

- 클립아트 : 가수
- 실행 단추: 뒤로 또는 이전
  - 스타일 : 강한 효과 – 강조 3
- 실행 단추: 앞으로 또는 다음
  - 스타일 : 강한 효과 – 강조 3

Chapter 22 슬라이드에 날개달기

🖐 동영상을 삽입하는 방법에 대해 알아보겠습니다.
🖐 슬라이드 쇼를 재구성하는 방법에 대해 알아보겠습니다.

먼저 공부 할 내용
한쇼2010.show(Chapter22)

완성작품 미리보기

사라진줄만 알았던 공룡이 살아 움직이고 있다고 하는데요. 어떻게 된 일인지 토리 아나운서가 현장에 나가있습니다. 중생대의 쥐라기로부터 백악기에 걸쳐 번성한 몸길이 5m에서 25m의 거대한 길동물들인 공룡이 영상으로 제작되었다고 합니다. 이번 시간에는 동영상 파일을 삽입하고 슬라이드 쇼를 재구성하는 방법에 대해 알아 볼까요?

동영상 삽입하기

1. 'Chapter22' 파일을 열고 3번 슬라이드를 클릭 후 오른쪽 텍스트 상자의 [내용(　)]−[미디어]를 클릭

2. [동영상/소리] 대화상자가 나타나면 찾는 위치(C:\방과후컴퓨터교실\한쇼 2010\Chapter22)를 선택 후 [한반도의 공룡]을 클릭한 다음 [열기]를 클릭

3. [미디어 삽입] 대화상자가 나타나면 [자동 실행]을 선택 후 [확인]을 클릭

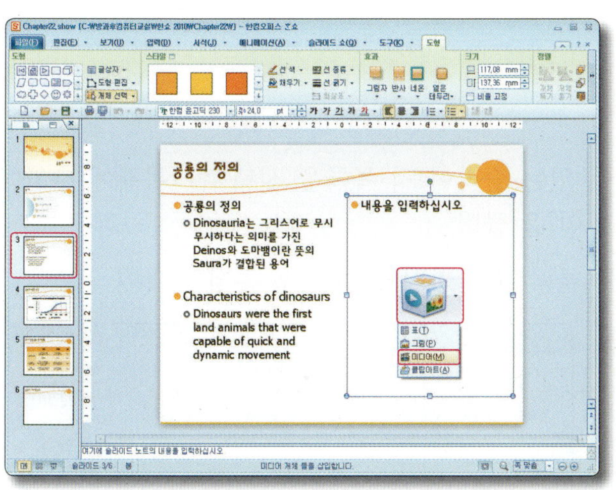

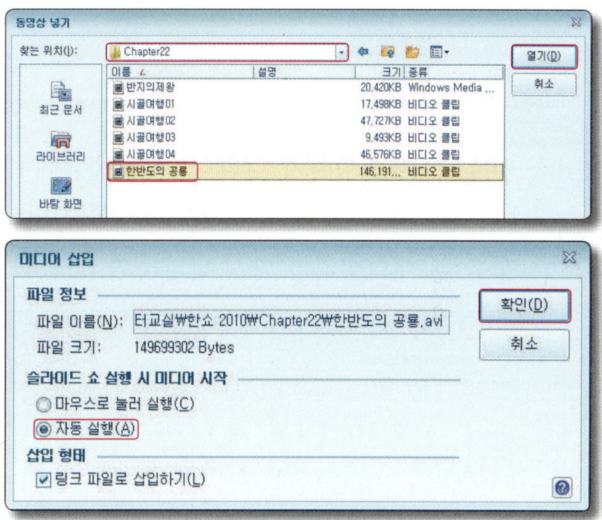

4. 동영상 파일이 삽입되면 [슬라이드 쇼] 탭−[쇼 보기] 그룹에서 [현재 슬라이드부터]를 클릭

5. 3번 슬라이드부터 슬라이드 쇼가 진행되며, 동영상 파일이 자동으로 재생 됨

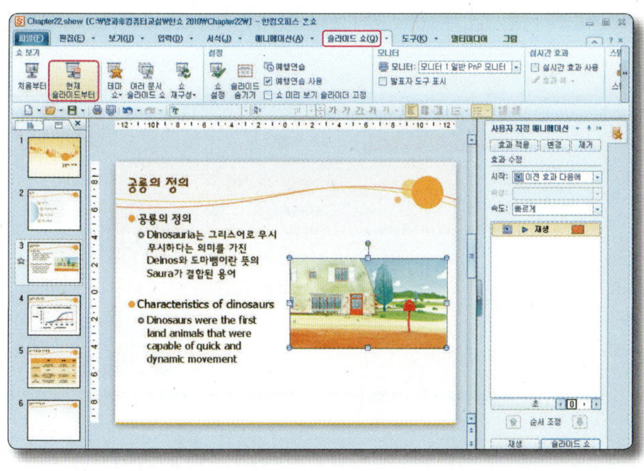

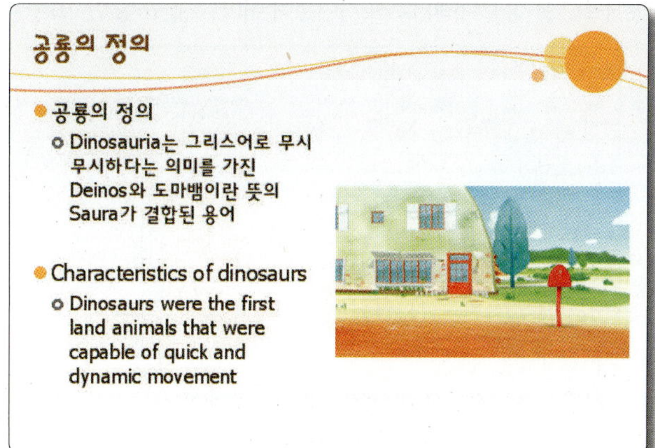

Tip

- **마우스를 눌러 실행** : 슬라이드 쇼를 진행할 때, 삽입한 소리 파일이나 동영상, 플래시 파일을 마우스로 누르면 해당 파일이 바로 실행됩니다.
- **자동 실행** : 슬라이드 쇼를 실행할 때 삽입한 소리 파일이나 동영상, 플래시 파일이 자동으로 실행됩니다.

슬라이드 쇼 재구성하기

6. [슬라이드 쇼] 탭–[쇼 보기] 그룹에서 [쇼 재구성]–[쇼 재구성]을 클릭

7. [쇼 재구성] 대화상자가 나타나면 [새로 만들기(🖳)]를 클릭

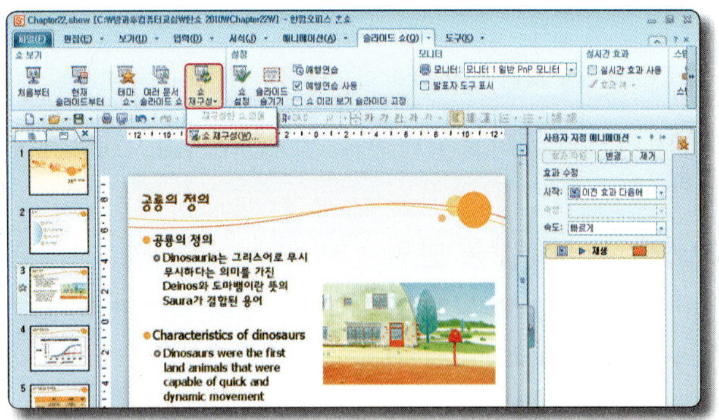
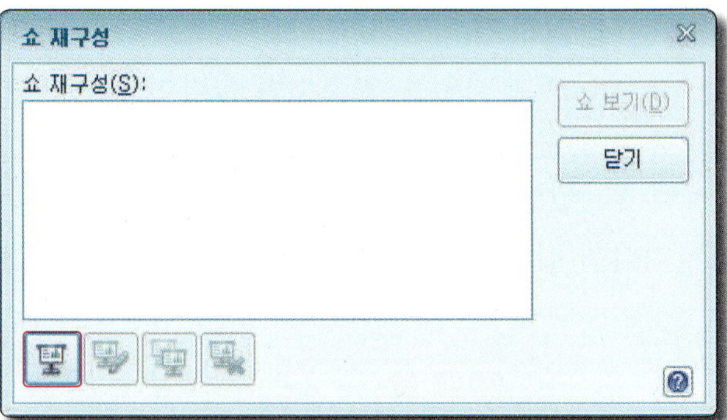

8. [쇼 만들기] 대화상자가 나타나면 [프레젠테이션에 있는 슬라이드] 목록을 선택 후 [목록에 추가하기(▷)]를 클릭하여 슬라이드 쇼를 재구성한 다음 [확인]을 클릭

9. [쇼 재구성] 대화상자가 다시 나타나면 [쇼 보기]를 클릭 후 슬라이드 쇼 진행 순서를 확인

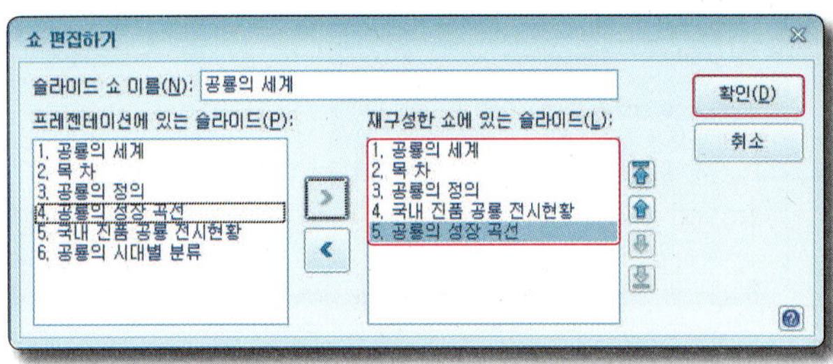
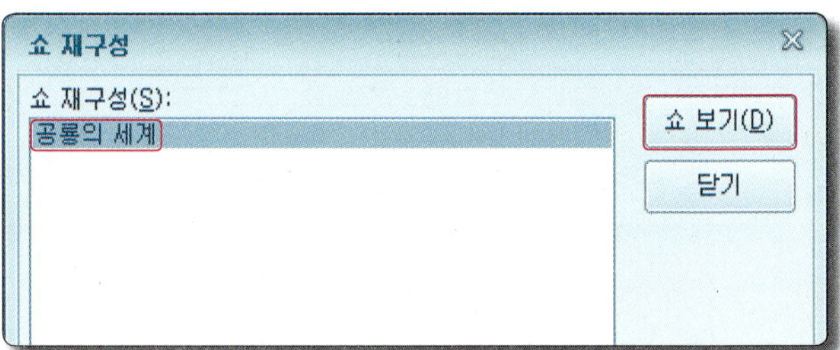

10. [슬라이드 쇼] 탭–[설정] 그룹에서 [쇼 설정]을 클릭

11. [쇼 설정] 대화상자가 나타나면 재구성한 쇼(공룡의 세계)를 선택 후 [확인]을 클릭

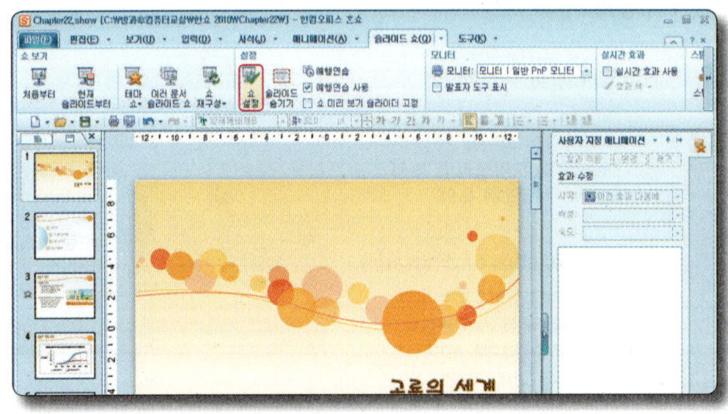
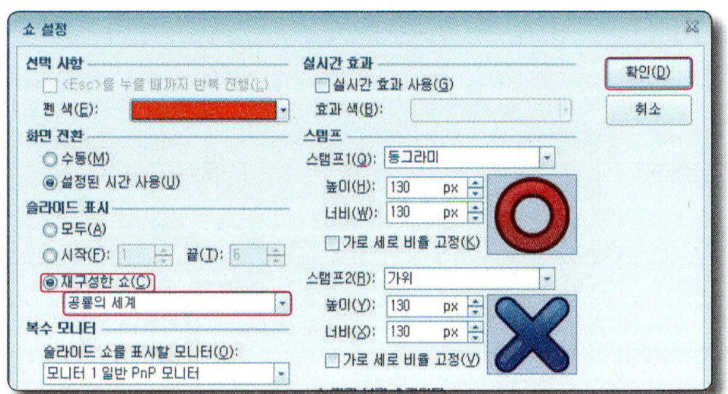

한 가지 더

슬라이드 표시

• **모두** : 현재 프레젠테이션 문서의 모든 쪽을 슬라이드 쇼로 진행하도록 설정합니다.

• **시작/끝** : 현재 프레젠테이션 문서에서 쪽 범위를 지정하여 슬라이드 쇼를 진행하도록 설정합니다. 시작 쪽과 끝 쪽의 번호를 지정합니다.

• **재구성한 쇼** : [쇼 재구성]에서 설정한 쇼를 선택합니다. 재구성한 쇼가 없는 경우에는 이 항목을 선택할 수 없습니다.

Mission 확인 문제

1 '문제01' 파일을 열고 동영상을 삽입하여 슬라이드를 완성해 보세요.

- 동영상 : 반지의제왕.wmv
- 자동 실행

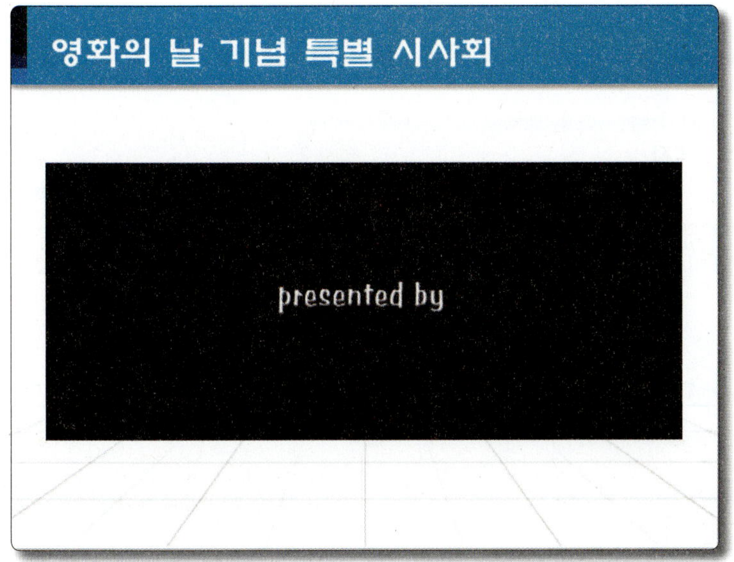

2 '문제02' 파일을 열고 동영상을 삽입하여 슬라이드를 완성해 보세요.

- 동영상 : 시골여행01.avi, 시골여행02.avi, 시골여행03.avi, 시골여행04.avi
- 마우스를 눌러 실행

3 '문제03' 파일을 열고 슬라이드 쇼를 재구성하여 슬라이드 쇼를 진행해 보세요.

- 화면 전환 : 육면체 회전[왼쪽으로], 다음 시간 후 자동 전환(3초), 모든 슬라이드에 적용
- 슬라이드 숨기기 : 6번 슬라이드
- 슬라이드 재구성 순서 : 1, 2, 4, 3, 5, 7

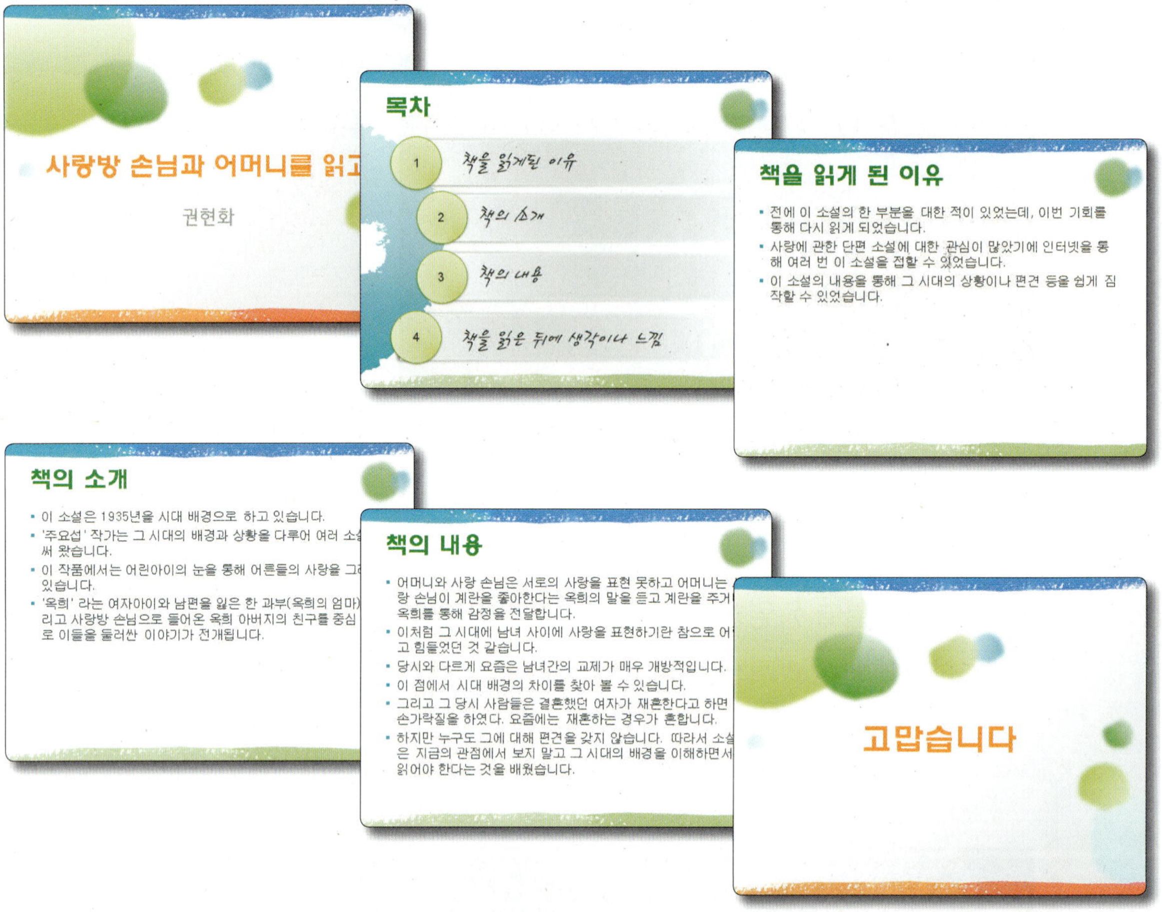

사랑방 손님과 어머니를 읽고
권현화
목차
1 책을 읽게된 이유
2 책의 소개
3 책의 내용
4 책을 읽은 뒤에 생각이나 느낌
책을 읽게 된 이유
전에 이 소설의 한 부분을 대한 적이 있었는데, 이번 기회를 통해 다시 읽게 되었습니다.
사랑에 관한 단편 소설에 대한 관심이 많았기에 인터넷을 통해 여러 번 이 소설을 접할 수 있었습니다.
이 소설의 내용을 통해 그 시대의 상황이나 편견 등을 쉽게 짐작할 수 있었습니다.
책의 소개
이 소설은 1935년을 시대 배경으로 하고 있습니다.
'주요섭' 작가는 그 시대의 배경과 상황을 다루어 여러 소
써 왔습니다.
이 작품에서는 어린아이의 눈을 통해 어른들의 사랑을 그
있습니다.
'옥희' 라는 여자아이와 남편을 잃은 한 과부(옥희의 엄마)
리고 사랑방 손님으로 들어온 옥희 아버지의 친구를 중심
로 이들을 둘러싼 이야기가 전개됩니다.
책의 내용
어머니와 사랑 손님은 서로의 사랑을 표현 못하고 어머니는
랑 손님이 계란을 좋아한다는 옥희의 말을 듣고 계란을 주거
옥희를 통해 감정을 전달합니다.
이처럼 그 시대에 남녀 사이에 사랑을 표현하기란 참으로 어
고 힘들었던 것 같습니다.
당시와 다르게 요즘은 남녀간의 교제가 매우 개방적입니다.
이 점에서 시대 배경의 차이를 찾아 볼 수 있습니다.
그리고 그 당시 사람들은 결혼했던 여자가 재혼한다고 하면
손가락질을 하였다. 요즘에는 재혼하는 경우가 흔합니다.
하지만 누구도 그에 대해 편견을 갖지 않습니다. 따라서 소설
은 지금의 관점에서 보지 말고 그 시대의 배경을 이해하면서
읽어야 한다는 것을 배웠습니다.
고맙습니다

Tip

쇼 만들기
슬라이드 쇼 이름(N): 사랑방 손님과 어머니
프레젠테이션에 있는 슬라이드(P):
1. 사랑방 손님과 어머니를 읽고
2. 목차
3. 책의 소개
4. 책을 읽게 된 이유
5. 책의 내용
(6) 책을 읽은 뒤의 생각이나 느낌
7. 고맙습니다
재구성한 쇼에 있는 슬라이드(L):
1. 사랑방 손님과 어머니를 읽고
2. 목차
3. 책을 읽게 된 이유
4. 책의 소개
5. 책의 내용
6. 고맙습니다
확인(D)
취소

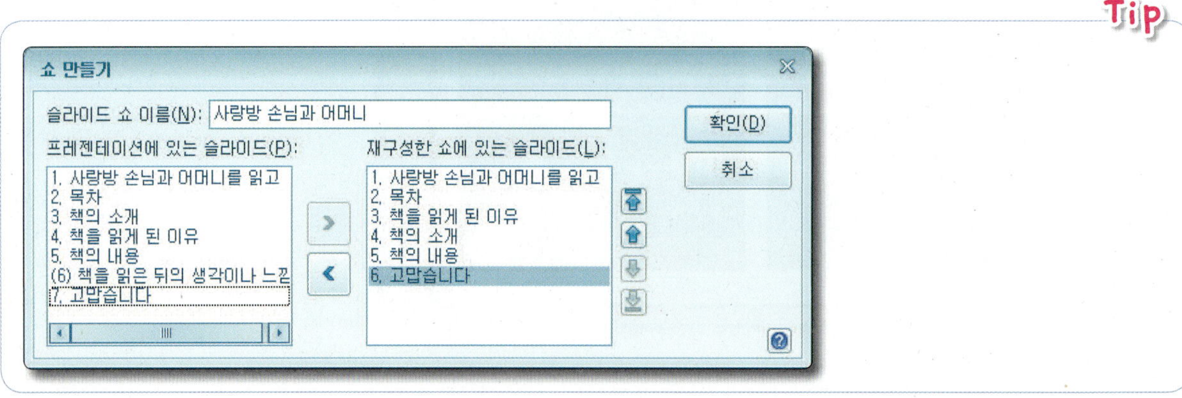

Chapter 23 고장의 자랑거리 답사 보고서

- 원하는 슬라이드만 인쇄하는 방법에 대해 알아보겠습니다.
- 유인물로 인쇄하는 방법에 대해 알아보겠습니다.
- 슬라이드 노트를 인쇄하는 방법에 대해 알아보겠습니다.

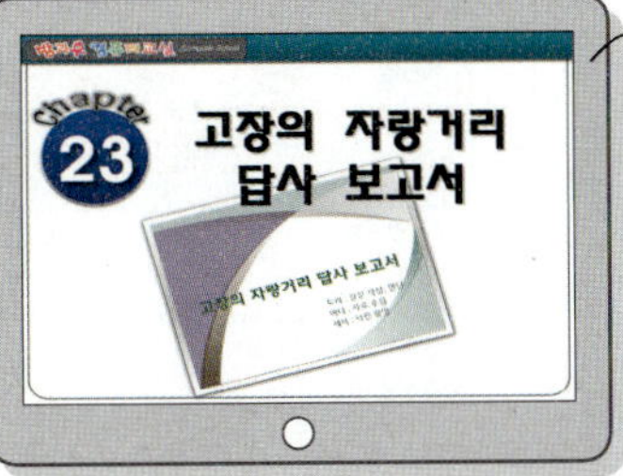

완성작품 미리보기

우리나라 문화유산이 많이 훼손되고 있다고합니다. 자세한 사항은 답사 보고서를 보고 말씀드리겠습니다. 세계적으로 문화유산 관리는 철처하게 이루어지고 있습니다. 우리나라도 문화유산 관리에 적극적으로 나서야할 것 같습니다. 이번 시간에는 프레젠테이션을 발표할 때 화면과 발표자가 참고할 수 있는 시나리오, 원고 등을 함께 준비하는 방법에 대해 알아볼까요?

원하는 슬라이드만 인쇄하기

1. 'Chapter23' 파일을 열고 [파일]-[인쇄]를 클릭

2. [인쇄] 대화상자가 나타나면 [인쇄 범위(일부분)]를 선택 후 인쇄할 페이지(1,3,5)를 입력한 다음 [미리 보기]를 클릭

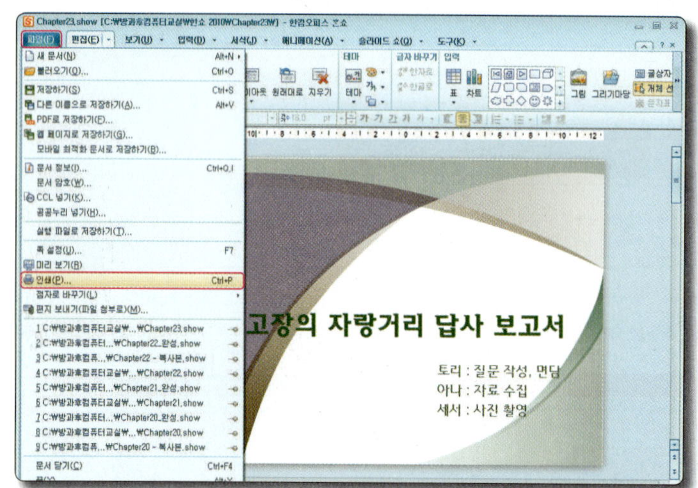

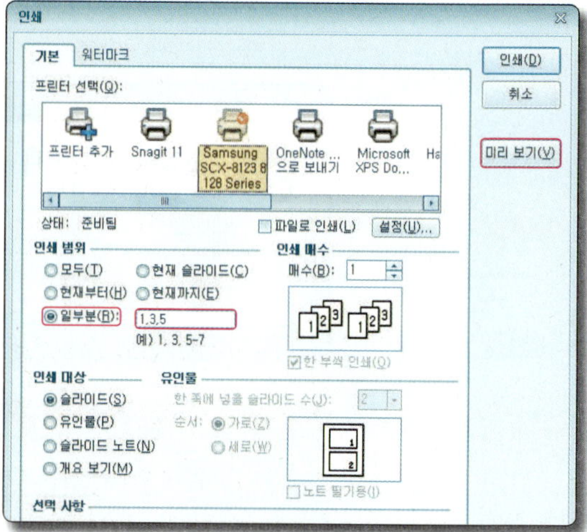

인쇄 범위

- **모두** : 현재 슬라이드 문서의 처음부터 끝까지 모든 슬라이드(페이지)을 빠짐없이 인쇄합니다.
- **현재 슬라이드** : 현재 커서가 놓여 있는 슬라이드만 인쇄합니다.
- **현재부터** : 현재 커서가 놓여 있는 슬라이드부터 슬라이드 문서의 끝까지 인쇄합니다.
- **현재까지** : 슬라이드 문서의 처음부터 현재 커서가 놓여 있는 슬라이드까지 인쇄합니다.
- **일부분** : 인쇄할 슬라이드나 범위를 직접 입력하여 지정된 슬라이드만을 인쇄합니다. 연속되는 슬라이드는 '-'로 표시합니다. 예를 들어 입력 상자에 "1,3,5-7"이라고 입력했다면, 1, 3, 5, 6, 7번째 슬라이드가 인쇄됩니다.

3. [미리 보기] 페이지가 나타나면 인쇄할 페이지(1,3,5)가 맞는지 확인 후 [미리 보기] 정황 탭-[인쇄] 그룹에서 [인쇄]를 클릭

유인물 인쇄하기

4. [파일]-[인쇄]를 클릭 후 [인쇄] 대화상자가 나타나면 [인쇄 범위(모두)]를 선택한 다음 [인쇄 대상(유인물)]을 선택하고 [한쪽에 넣을 슬라이드 수(3)]를 입력 후 [미리 보기]를 클릭

5. [미리 보기] 페이지가 나타나면 한 페이지에 3개의 슬라이드 삽입되는지 확인 후 [미리 보기] 정황 탭-[인쇄] 그룹에서 [인쇄]를 클릭

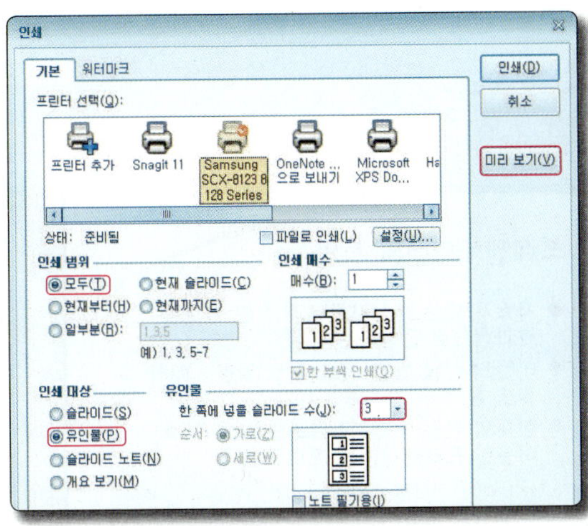
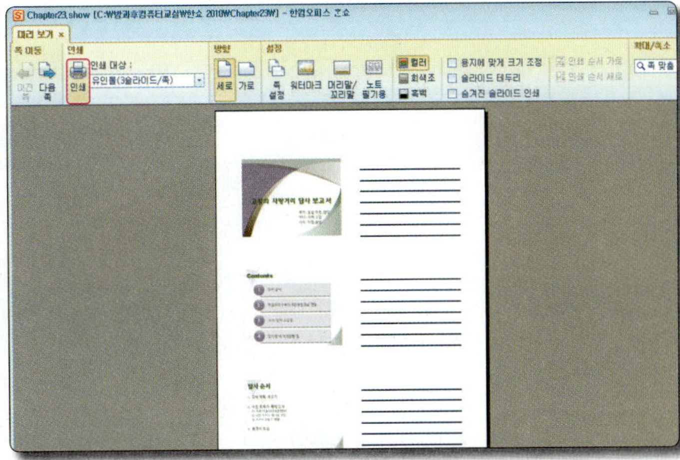

슬라이드 노트 인쇄하기

6. 슬라이드 노트 크기를 확대 후 텍스트를 입력

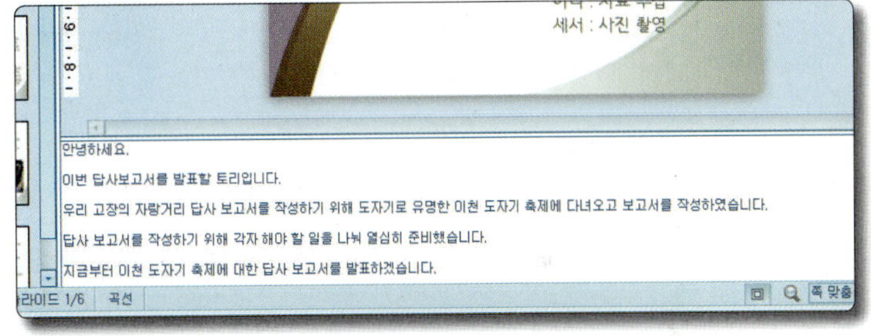

7. [파일]-[인쇄]를 클릭 후 [인쇄] 대화상자가 나타나면 [인쇄 범위(모두)]를 선택한 다음 [인쇄 대상(슬라이드 노트)]을 선택하고 [미리 보기]를 클릭

8. [미리 보기] 페이지가 나타나면 한 페이지에 슬라이드와 슬라이드 노트에 작성한 내용이 삽입되는지 확인 후 [미리 보기] 정황 탭-[인쇄] 그룹에서 [인쇄]를 클릭

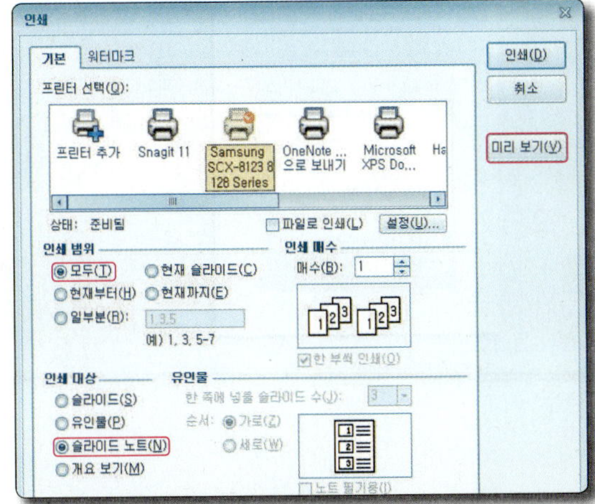
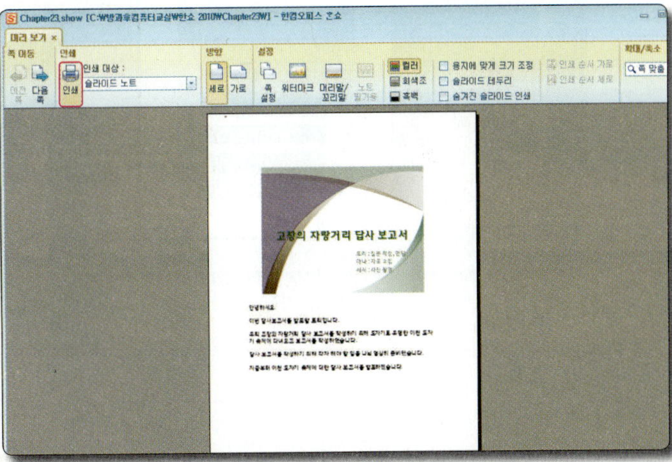

① '문제01' 파일을 열고 다음과 같이 슬라이드를 인쇄해 보세요.

- 1, 3번 슬라이드만 인쇄

② 다음과 같이 유인물을 인쇄해 보세요.

- 인쇄 대상 : 유인물
- 한 쪽에 넣을 슬라이드 수 : 2

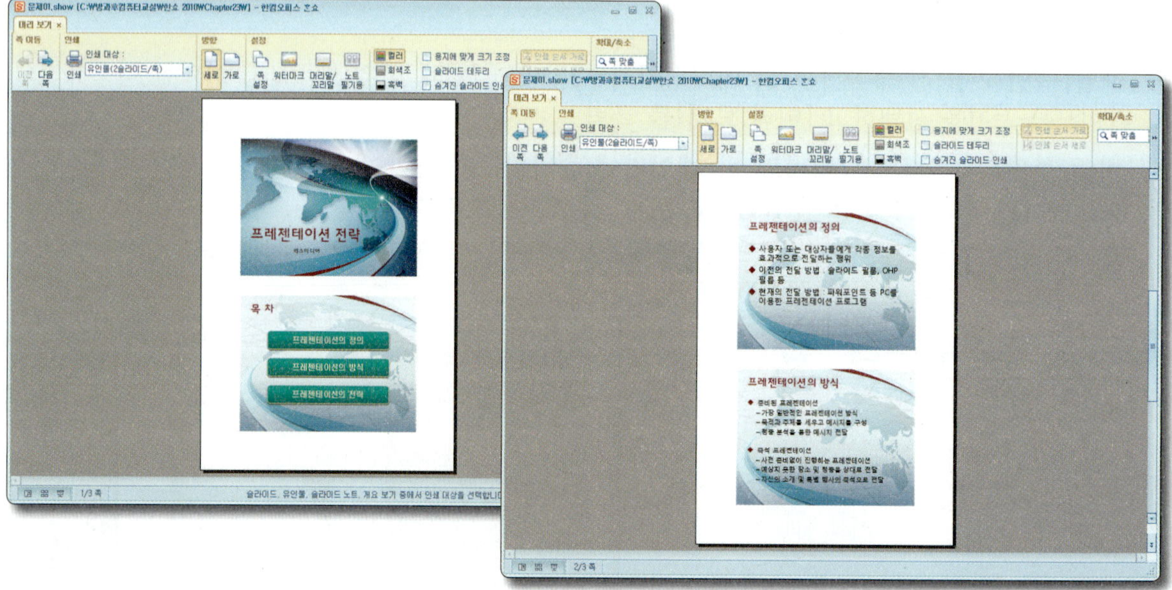

❸ 다음과 같이 슬라이드 노트를 인쇄해 보세요.

- 인쇄 대상 : 슬라이드 노트

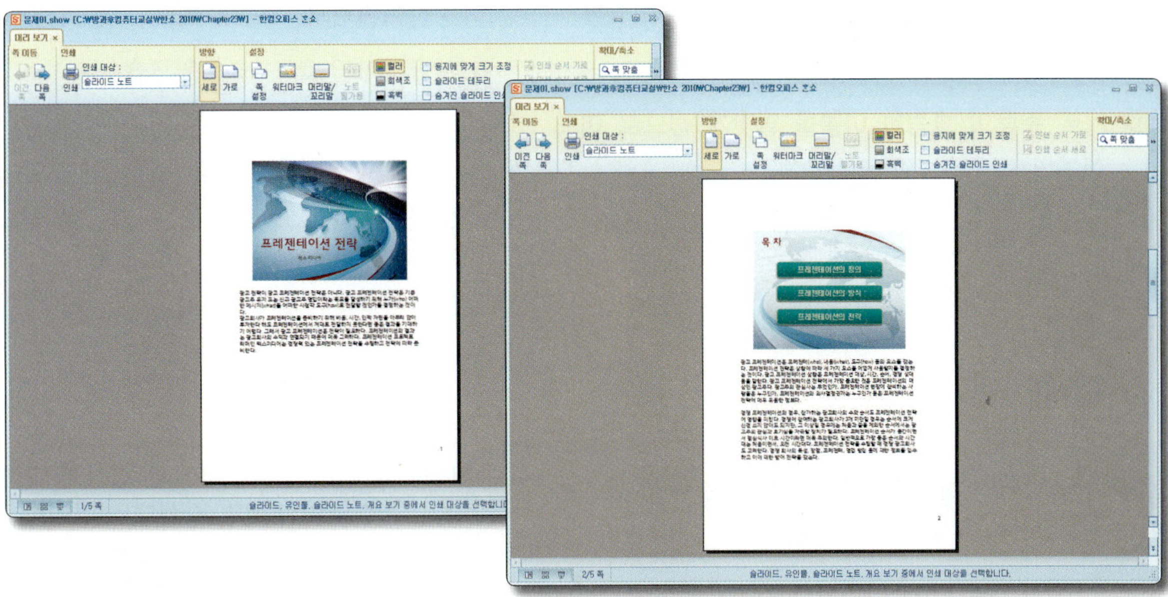

❹ 다음과 같이 개요 보기를 인쇄해 보세요.

- 인쇄 대상 : 개요 보기

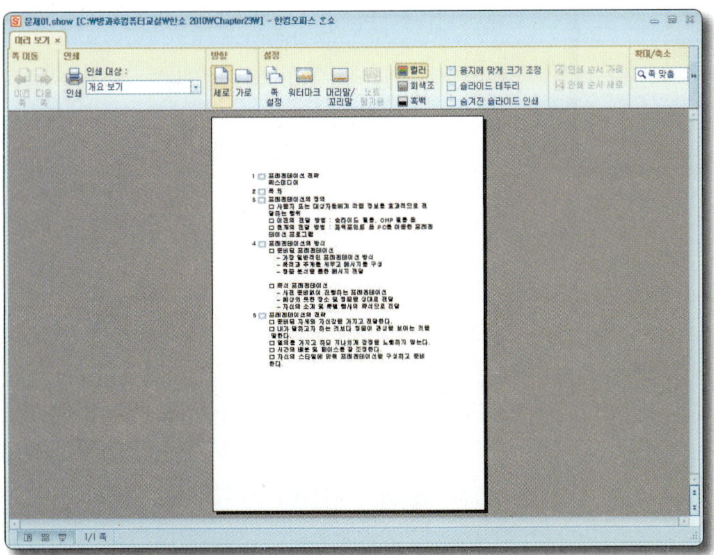

01 슬라이드에 차트를 삽입하려고 할 때 [편집] 탭–[입력] 그룹에서 클릭할 도구로 옳은 것은?

① 　　② 　　③ 　　④ 

02 차트 종류의 그림과 이름을 알맞게 선으로 이으시오.

①   • 꺾은선/영역형

②   • 원형

③   • 가로 막대형

④   • 세로 막대형

03 다음 보기의 차트에서 표시되지 않은 구성 요소는 무엇인가요?

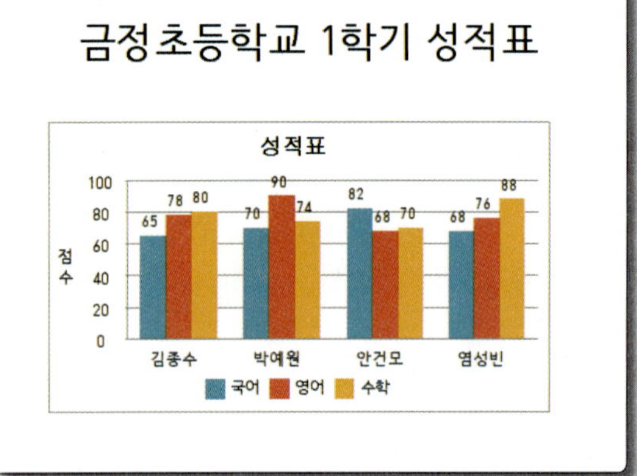

① 차트 제목　　② 데이터 표

③ 자료점 이름표　　④ 범례

04 [사용자 지정 애니메이션] 작업 창에 없는 기능은 무엇인가요?

① 애니메이션 효과 목록

② [초] 단추

③ [재생] 단추

④ [슬라이드 쇼] 단추

05 슬라이드를 작성하고 청중 앞에서 발표를 하려고 합니다. 사용할 기능은 무엇인가요?

① 하이퍼링크　　② 차트

③ 슬라이드 쇼　　④ 워드숍

06 현재 슬라이드에서 다른 슬라이드로 이동하거나 인터넷 사이트와 연결하는 기능을 무엇이라고 하는가?

① 하이퍼링크　　② 디자인마당

③ 애니메이션　　④ 슬라이드 쇼

07 다음은 슬라이드 마스터에서 배경에 그림을 설정하기 위한 방법입니다. 순서대로 나열한 것은?

> ㉠ [배경 속성] 대화상자가 나타나면 [채우기] 탭에서 [질감/그림]을 클릭한다.
> ㉡ [배경 속성] 대화상자가 다시 나타나면 [모두 적용]을 클릭한다.
> ㉢ [그림 넣기] 대화상자가 나타나면 그림을 선택 후 [넣기]를 클릭한다.
> ㉣ [질감/그림]의 세부 항목이 나타나면 [그림]을 클릭한다.
> ㉤ 바로 가기 메뉴의 [배경 속성]을 클릭한다.

① ㉤－㉣－㉢－㉡－㉠

② ㉣－㉤－㉡－㉢－㉠

③ ㉤－㉣－㉢－㉠－㉡

④ ㉤－㉠－㉣－㉢－㉡

08 다음 중 슬라이드의 순서를 변경하여 프레젠테이션을 발표하려면 어떤 기능을 이용해야 하나요?

① 쇼 재구성

② 예행연습

③ 슬라이드 숨기기

④ 현재 슬라이드부터

09 다음 조건을 이용하여 다음과 같은 슬라이드를 작성 후 저장해 보세요.

- 테마 : 테마(여행)
- 표 만들기, 차트 만들기
- 별도 지시사항이 없는 경우 임의 설정 가능

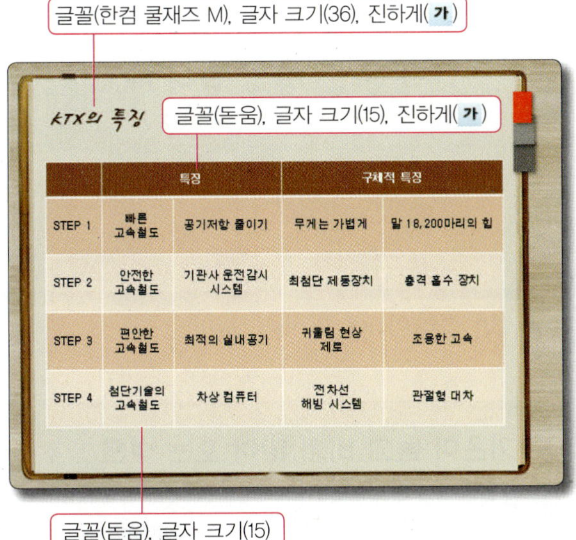

	특징		구체적 특징	
STEP 1	빠른 고속철도	공기저항 줄이기	무게는 가볍게	말 18,200마리의 힘
STEP 2	안전한 고속철도	기관사 운전감시 시스템	최첨단 제동장치	출격 흡수 장치
STEP 3	편안한 고속철도	최적의 실내공기	귀울림 현상 제로	조용한 고속
STEP 4	첨단기술의 고속철도	차상 컴퓨터	전차선 해빙 시스템	관절형 대차

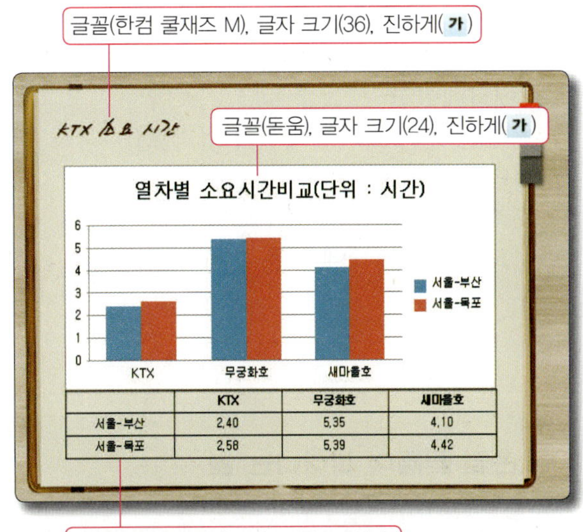

	KTX	무궁화호	새마을호
서울-부산	2.40	5.35	4.10
서울-목포	2.58	5.39	4.42

10 '문제10' 파일을 열고 다음과 같은 조건을 지정 후 슬라이드 쇼를 진행해 보세요.

- 화면 전환 효과 : 닦아내기[오른쪽으로], 다음 시간 후 자동 전환(2.00 초), 모든 슬라이드에 적용
- 사용자 지정 애니메이션 : 워드숍(날아오기-위로, 매우 빠르게)
- 슬라이드 쇼 재구성 : 슬라이드 쇼 이름 – 독도, 재구성 순서 – 1번, 2번, 4번, 3번 순으로
- 별도 지시사항이 없는 경우 임의 설정 가능

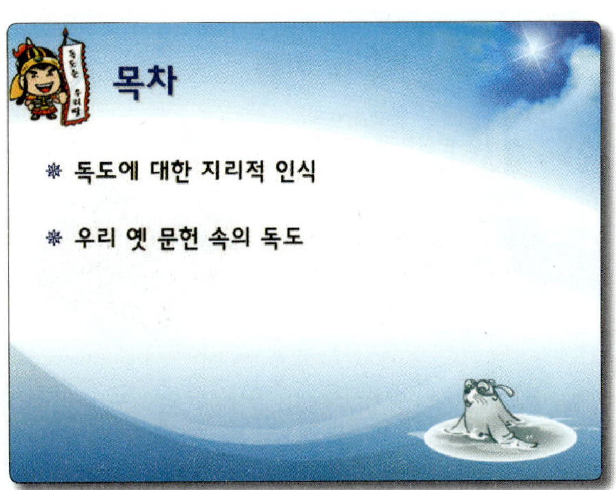

11 다음과 같이 슬라이드를 작성 후 저장해 보세요.

- 테마 : 테마(꿈)
- 1번 슬라이드
    제목 : 궁서, 48pt
- 2번~5번 슬라이드
    제목 : 양재튼튼체B, 36pt
    본문 : 맑은 고딕, 24pt
- 애니메이션
    화면 전환 효과 : 빗질하기[가로]
    속도 : 2.50초
    화면 전환 시점 : 마우스를 누를 때
    모든 슬라이드에 적용

▲ 1번 슬라이드

▲ 2번 슬라이드

▲ 3번 슬라이드

▲ 4번 슬라이드

▲ 5번 슬라이드

지금까지 배웠던 기능들을 이용해서 재미있고 유용한 자료를 만들어 보세요.

마무리 싹싹

토리는 독서 중

봄이 왔어요

단어 왕 게임

국가별 국기

나무 색칠하기

우즈 사탕 가게

PC와 유비쿼터스의 비교

개나리 개화시기의 비교 및 분포

어린이 독서 치료

THE INCREDIBLES

점프 점프 하이퍼링크!

미션 인증서

 토리는 독서 중

토리는 지금 재미있는 만화책을 읽고 있습니다. 몇 페이지를 읽고 있냐고 물어보니, 지금 보고 있는 페이지에 바로 왼쪽 페이지 숫자를 더하면 237이 된다고 하네요. 토리는 지금 몇 페이지를 보고 있는 걸까요?

📁 마무리싹싹₩문제01.show

02. **봄이 왔어요**

따뜻한 봄이 왔습니다. 어, 그런데 봄이 아닌 것도 있네요. 봄이 아닌 것에 다음과 같이 글자 모양을 수정해 보세요.

- 글꼴 : HY동녘B
- 글꼴 색 : 빨강

봄이 왔어요

봄봄봄봄봄봄봄봄봄봄봄봄봄봄봄봄봄봄봄봄봄
봄봄봄봄봄봄범봅블밥븜봉복불복봄봄봄봄봄봄
봄봄봄봄봄봄몸봄봄봄봄봄봄몽봄봄봄봄봄봄
봄봄봄봄봄봄븜불불불복볶음븜봉봄봄봄봄봄봄
봄봄봄봄봄봄봄봄봄봄음봄봄봄봄봄봄봄봄봄
봄봄봄봄복불복밤법밥밥불볼붕붕븀뽕봄봄봄봄
봄봄봄봄봄봄봄봄봄봄봄봄봄봄봄봄봄봄봄봄
봄봄봄봄봄봄뿡뿡뽕뽕빵빵븜복뽁봄봄봄봄봄봄
봄봄봄봄봄봄발봄봄봄봄봄봄봄봄봄봄봄봄봄
봄봄봄봄봄봄벌복벅봉븜븜복븜봉봄봄봄봄봄봄

📁 마무리싹싹₩문제02.show

 단어 왕 게임

각 네모 칸에 해당 자음으로 시작하는 알맞은 글자를 넣어 어떤 화살표 방향으로 읽든지 단어가 완성되도록 넣어 보세요. (답은 여러 가지일 수 있습니다.)

📁 마무리싹싹₩문제03.show

 국가별 국기

그림 파일을 이용하여 세계 각 나라들의 국기를 해당 위치에 삽입해 보세요.

- 가나.jpg
- 그린란드.jpg
- 남아프리카공화국.jpg
- 대한민국.jpg
- 러시아.jpg
- 미국.jpg
- 브라질.jpg
- 아르헨티나.jpg
- 오스트레일리아.jpg
- 인도네시아.jpg
- 중국.jpg
- 카자흐스탄.jpg
- 캐나다.jpg

📁 마무리싹싹₩문제04.show

05. 나무 색칠하기

나무를 다음과 같이 쌓은 다음 빨간색, 주황색, 초록색 페인트로 색칠하려고 합니다. 단, 같은 색깔이 바로 옆에 닿지 않아야 합니다.

📁 마무리싹싹₩문제05.show

• 빨간색 : 색조 조정(이중 톤의 어두운 계열 강조 색 6)
• 초록색 : 색조 조정(이중 톤의 어두운 계열 강조 색 4)

06. 우즈 사탕 가게

우즈 사탕 가게에 며칠 전부터 계속 도둑이 들었지 뭐예요! 이 도둑은 맑은 날에는 사탕을 훔치고, 비 오는 날에는 훔치지 않습니다. 이틀째 흐린 날이 계속되면, 이틀째는 사탕을 꼭 훔칩니다. 일주일간 도둑의 행동을 관찰한 표를 보고, 빈칸에 날씨를 삽입해 보세요.

📁 마무리싹싹₩문제06.show

• 그림 삽입 : 맑음.jpg, 구름 많음.jpg, 비.jpg
• 그림 테두리 : 파랑

 PC와 유비쿼터스의 비교

PC와 유비쿼터스의 비교 표를 이용하여 차트를 작성해 보세요.

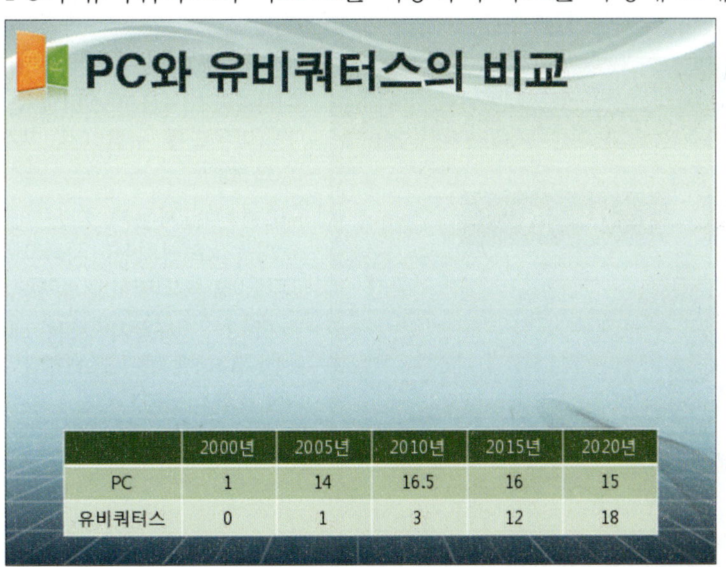

	2000년	2005년	2010년	2015년	2020년
PC	1	14	16.5	16	15
유비쿼터스	0	1	3	12	18

- 차트 : 안내선 표시 꺾은선형
- 글꼴 : 맑은 고딕, 글자 크기 : 14pt
- 자료점 이름표 : PC 계열의 2020년 요소만

📁 마무리싹싹₩문제07.show

---

08. 개나리 개화시기 및 분포

지역별 개나리 개화시기 및 분포 표를 이용하여 차트를 작성해 보세요.

구분	개화일	분포
신의주	4월 24일	34
평양	4월 10일	18
서울	3월 17일	56
대전	3월 13일	55
울산	3월 10일	12
광주	3월 8일	25
부산	3월 4일	13

- 차트 : 3차원 설정 누적 세로 막대형
- 글꼴 : 맑은 고딕, 글자 크기 : 16pt
- 자료점 이름표 : 분포 계열

📁 마무리싹싹₩문제08.show

09. 어린이 독서 치료

프레젠테이션 문서에 사용자 지정 애니메이션을 이용하여 도형에 애니메이션을 지정해 보세요.

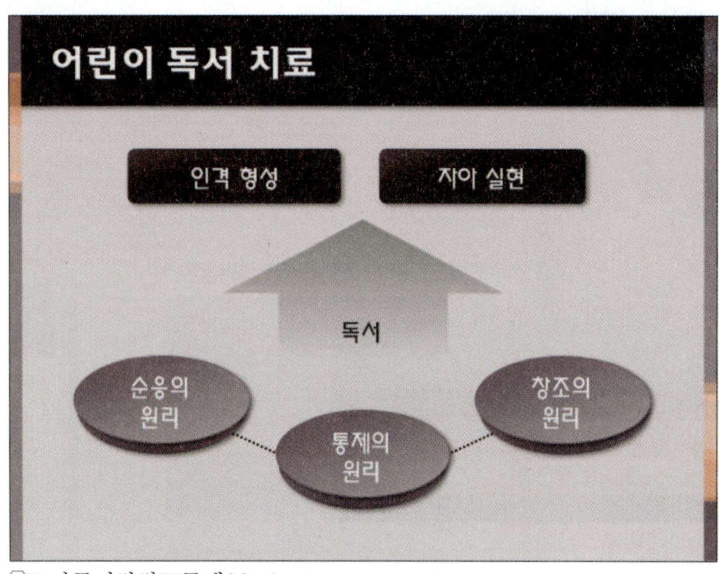

📁 마무리싹싹₩문제09.show

- 도형1 : [사용자 지정 애니메이션]−[강조]−[글꼴 스타일 변경], 시작(마우스를 누를 때), 재생 시간(03.00)
- 도형2 : [사용자 지정 애니메이션]−[강조]−[회전], 시작(이전 효과 다음에), 속도(매우 빠르게)
- 도형3 : [사용자 지정 애니메이션]−[나타내기]−[날아오기], 시작(이전 효과 다음에)

10. THE INCREDIBLES

슬라이드에 동영상 파일을 삽입하고 슬라이드 쇼를 진행하여 애니메이션을 실행해 보세요.

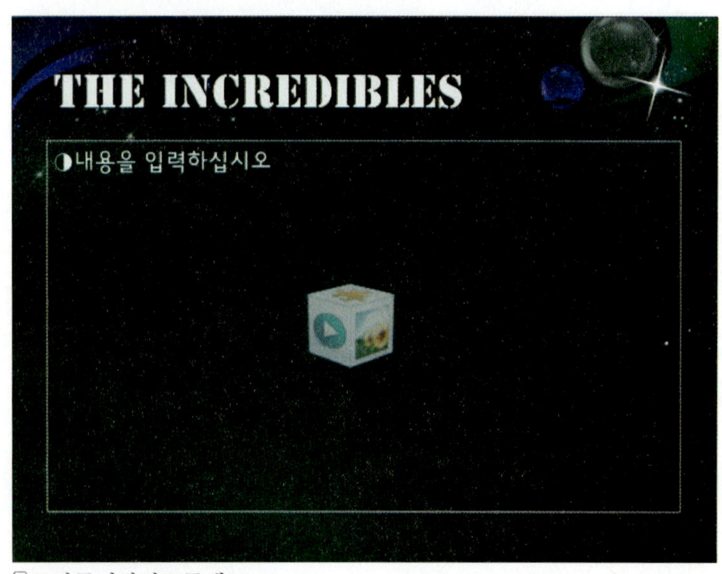

📁 마무리싹싹₩문제10.show

- 동영상 : 애니메이션.wmv
- 스타일 : 광택
- 시작 : 자동 실행

 점프 점프 하이퍼링크!

프레젠테이션 문서에서 하이퍼링크를 이용하여 2번째 목차 텍스트에 하이퍼링크를 지정하세요.

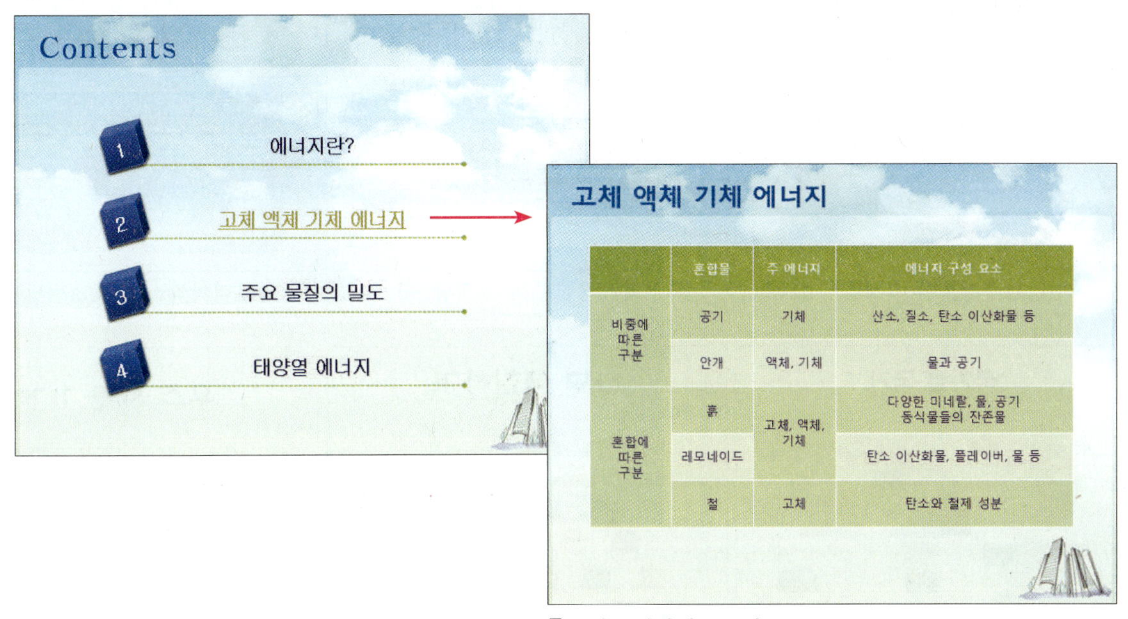

	혼합물	주 에너지	에너지 구성 요소
비중에 따른 구분	공기	기체	산소, 질소, 탄소 이산화물 등
	안개	액체, 기체	물과 공기
혼합에 따른 구분	흙	고체, 액체, 기체	다양한 미네랄, 물, 공기 동식물들의 잔존물
	레모네이드		탄소 이산화물, 플레이버, 물 등
	철	고체	탄소와 철제 성분

📁 마무리싹싹₩문제11.show

---

12. **미션 인증서**

이름, 생년월일을 입력하고 통과한 미션을 체크한 다음 인쇄하기를 이용하여 미션 인증서를 출력해 보세요.

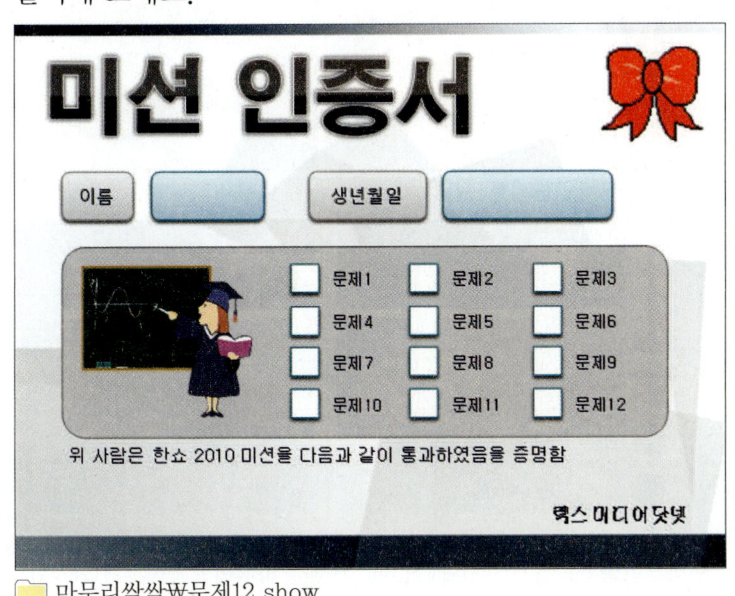

📁 마무리싹싹₩문제12.show

Tip

한글의 자음(ㄷ)을 입력 후 [한자]를 누른 다음 [특수 문자로 바꾸기] 대화상자가 나타나면 특수 문자를 선택하고 [바꾸기]를 클릭

마무리 싹싹 정답

마무리싹싹₩문제01(정답).show

마무리싹싹₩문제02(정답).show

마무리싹싹₩문제03(정답).show

마무리싹싹₩문제04(정답).show

마무리싹싹₩문제05(정답).show

마무리싹싹₩문제06(정답).show

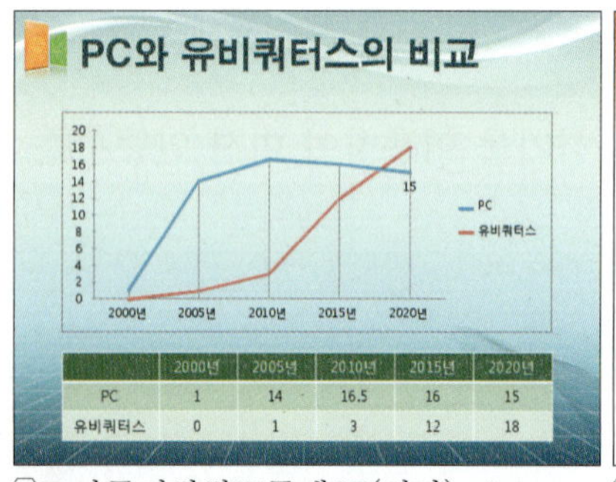

	2000년	2005년	2010년	2015년	2020년
PC	1	14	16.5	16	15
유비쿼터스	0	1	3	12	18

마무리싹싹₩문제07(정답).show

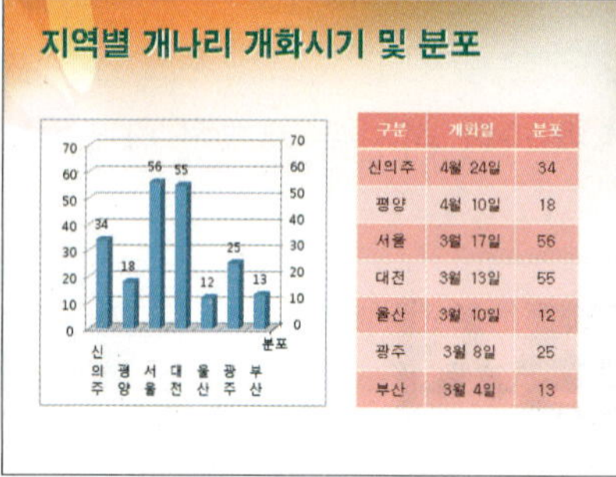

구분	개화일	분포
신의주	4월 24일	34
평양	4월 10일	18
서울	3월 17일	56
대전	3월 13일	55
울산	3월 10일	12
광주	3월 8일	25
부산	3월 4일	13

마무리싹싹₩문제08(정답).show

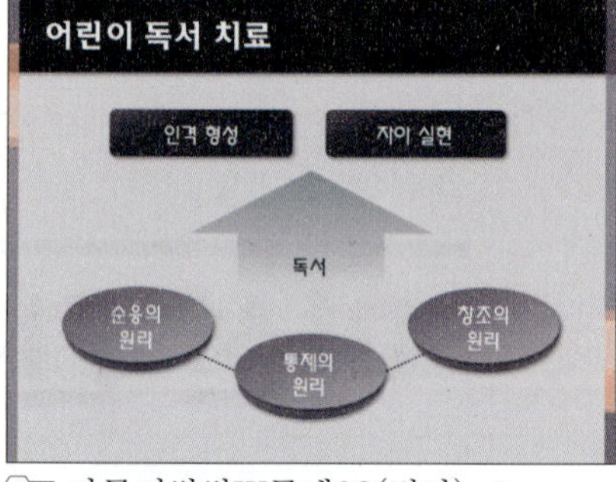

마무리싹싹₩문제09(정답).show

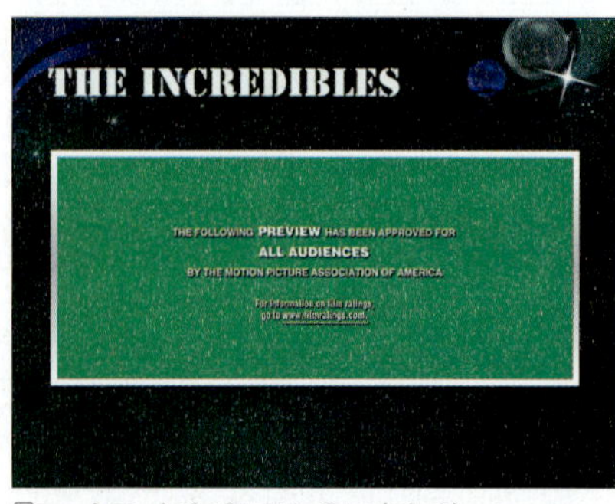

마무리싹싹₩문제10(정답).show

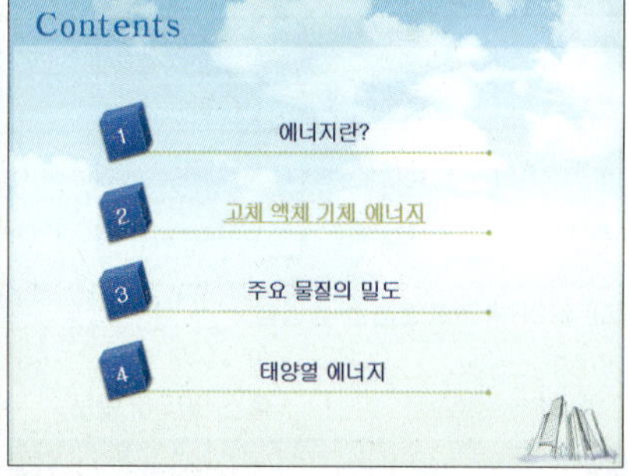

마무리싹싹₩문제11(정답).show

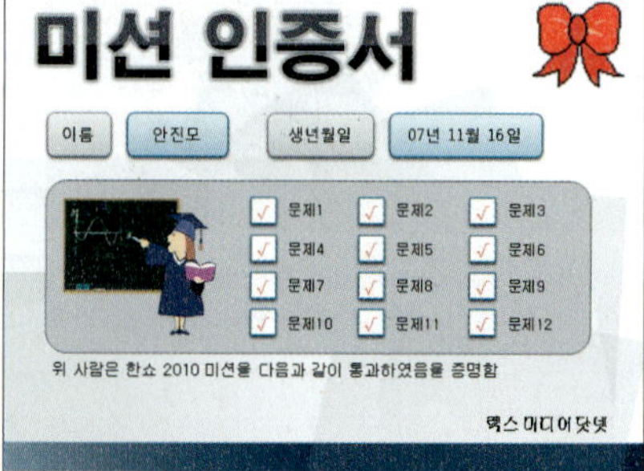

마무리싹싹₩문제12(정답).show

※정답 파일은 렉스미디어 자료실에서 다운로드 받을 수 있습니다.